NATURALEZA
EXTRAORDINARIA

Fenómenos con base científica

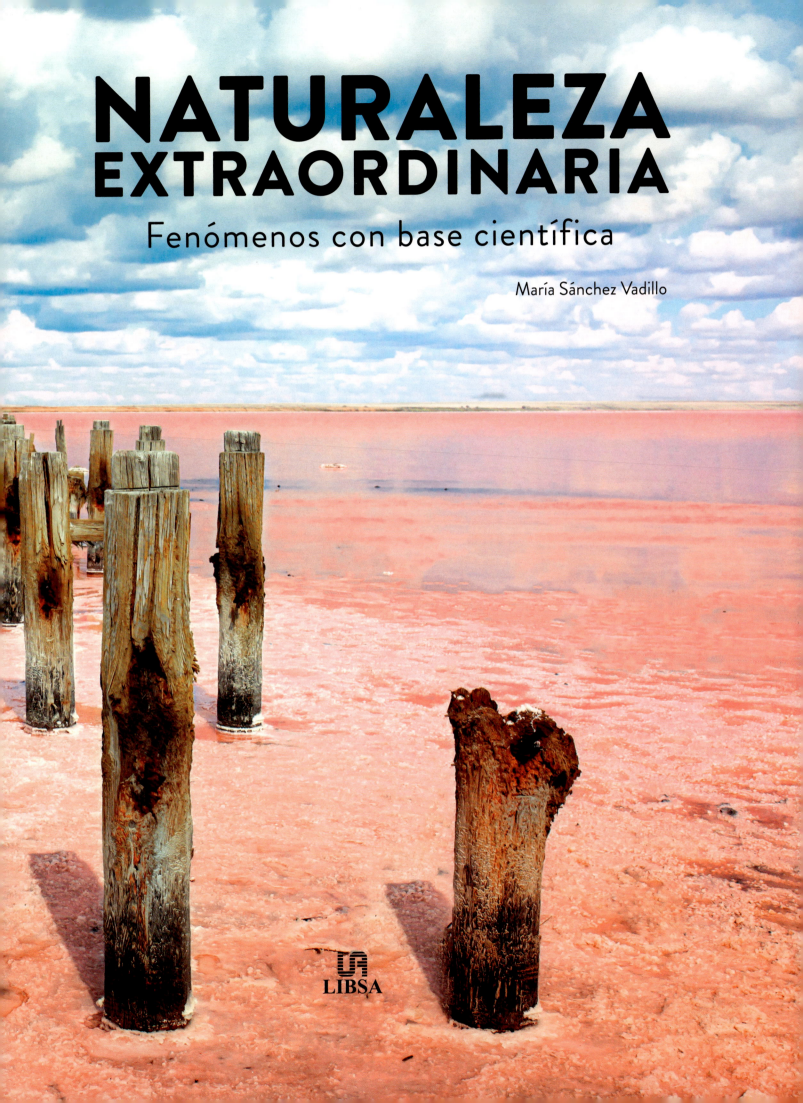

NATURALEZA EXTRAORDINARIA

Fenómenos con base científica

María Sánchez Vadillo

LIBSA

© 2023, Editorial Libsa
C/ Puerto de Navacerrada, 88
28935 Móstoles (Madrid)
Tel.: (34) 91 657 25 80
e-mail: libsa@libsa.es
www.libsa.es

ISBN: 978-84-662-4224-0

Textos: María Sánchez Vadillo
Edición: equipo editorial Libsa
Diseño de cubierta: equipo de diseño Libsa
Maquetación: equipo editorial Libsa
Fotografías e ilustraciones: Shutterstock Images,
Gettyimages y archivo Libsa.

DL: M-22025-2022

Contenido

Presentación

Vivimos en un planeta extraordinario. Desde su ardiente interior hasta el aire que lo rodea, es un lienzo sobre el que la naturaleza pinta su obra de arte. Actualmente, podemos viajar a asombrosos lugares remotos, y a aquellos a los que no podemos acceder, llegan los sensores y lentes de los satélites. Así se han descubierto extraños desiertos, cuevas, lugares donde arden llamas eternas, inquietantes figuras de hielo y roca o paradisiacas piscinas naturales. Pero también basta con prestar un poco más de atención a la naturaleza que nos rodea para descubrir que algunos acontecimientos, muchas veces cotidianos, como un atardecer, un arcoíris o una tormenta, son fascinantes. Estamos tan acostumbrados a ellos que no nos preguntamos por qué ni cómo se producen.

Fenómenos astronómicos, meteorológicos, geofísicos, hidrológicos y biológicos forman parte de las inescrutables fuerzas naturales, que actúan como creadoras, organizadoras y destructoras. En un momento de la historia en el que el ser humano cree tener el control, las fuerzas naturales nos recuerdan que son ellas las que tienen la última palabra y que, en realidad, somos muy insignificantes ante su poder.

Antes de la investigación científica, los humanos veíamos el mundo y la naturaleza desde una perspectiva mágica y maravillosa. Es comprensible que determinados hechos, como un eclipse solar o lunar, la visión de seres que desprenden luz o las fantasmagóricas figuras talladas por la acción del viento, causaran terror por su apariencia sobrenatural. En nuestro afán por encontrar respuestas a todo lo que nos rodea, creamos mitos y leyendas llenos de color y misterio, con dioses, gigantes, duendes, fantasmas o brujas como protagonistas.

A mediados del siglo pasado, la ciencia había conseguido responder a muchos de estos interrogantes. Sin embargo, continuamente aparecían (y aparecen) otros nuevos. Y estos, generalmente, ya no se atribuían a seres mágicos, sino a unos visitantes venidos de planetas lejanos. Sin embargo, los vertiginosos avances tecnológicos han encontrado respuesta a la mayoría de los «casos alienígenas». Esto nos ofrece una visión mucho más armónica del mundo, en donde todo tiene su porqué. Si comprendemos la compleja y profunda conexión que existe entre los distintos aspectos de la naturaleza, quizá seamos capaces de respetarla y cuidarla como se merece.

En este libro vas a encontrar...
- Fenómenos naturales relacionados con el cielo, la tierra y el agua, divididos por capítulos.
- Una explicación científica de cada uno de ellos y una ampliación al final del capítulo.
- Impactantes fotografías de cada hecho natural.
- Anécdotas, leyendas y visiones populares del hecho científico.

Nubes lenticulares

POR CULPA DEL VIENTO

Hay nubes que, con sus curiosas formas y texturas, invitan a echar a volar la imaginación. Y sin duda las lenticulares se encuentran entre las más llamativas. Con su apariencia de lenteja gigante (de ahí el nombre) y contorno nítido, en ocasiones irisado, más de una vez han sido confundidas con ovnis, ya que también se asemejan a platillos volantes.

Típicas de jornadas muy ventosas, pueden ser de tres clases, según la altura a la que se formen: cirrocúmulos lenticulares (nubes altas), altocúmulos lenticulares (nubes medias) y estratocúmulos lenticulares (nubes bajas), aunque la forma más habitual es la de altocúmulos. Estas son muy buscadas por meteorólogos, fotógrafos y cazatormentas debido, además de a su enorme tamaño, a que pueden formar múltiples capas, lo que les da un extraordinario aspecto, aún más impresionante cuando reciben los rayos del atardecer vistiéndolas de tonos anaranjados o rojizos.

Los *altocumulus lenticularis* aparecen cuando se conjugan ciertas condiciones. Por un lado, es necesario que sople un viento intenso, de al menos 30 km/h, en dirección a una montaña. Además, tiene que haber estabilidad atmosférica (anticiclón) e inversión térmica, es decir, que la temperatura del aire en vez de disminuir cuando se sube en altura, como sería lo normal, aumente. Cuando la masa de aire húmedo empujada por la corriente se encuentra con un obstáculo, como un monte, se ve forzada a ascender por la ladera. Si durante ese recorrido la temperatura alcanza el punto de rocío, es decir, es lo suficientemente baja como para que el vapor de agua se condense, se forman las nubes lenticulares. Estas se mantienen aisladas y estáticas, a veces durante horas, en la misma posición, aunque con el paso del tiempo van adoptando caprichosas formas hasta desvanecerse. Si no ocurriese la inversión térmica, el flujo de aire simplemente descendería por el otro lado, alejándose sin más.

Este fenómeno avisa de ondulaciones en la atmósfera que hacen inestable el vuelo de los aviones, causando un descenso súbito en altitud con el correspondiente peligro para los componentes y sensores del aparato. De hecho, en 1966 un Boeing 707 de la compañía British Overseas Airways se estrelló en Japón al atravesar una intensa zona de turbulencias, aproximándose por sotavento al monte Fuji. Fallaron los estabilizadores verticales y la nave se destrozó en el aire.

PILA DE PLATOS

Las nubes lenticulares, cuyo límite inferior se encuentra a 2000-2500 m de altura respecto al suelo y llegan a alcanzar una dimensión vertical de entre 0,2 y 0,8 km, pueden estar compuestas por numerosos elementos superpuestos verticalmente, recibiendo entonces el nombre de *altocumulus lenticularis duplicatus*, o más coloquialmente, «pila de platos».

Nubes iridiscentes

CUESTIÓN DE ÁNGULO

Las nubes iridiscentes se dibujan en el cielo como coloridas pinceladas de suaves tonos pastel, con predominio de verdes y rosas. Los colores aparecen tanto desordenados como en bandas casi paralelas, normalmente en el borde de las nubes de tipo alto y medio. Pero solo podremos disfrutar de este espectáculo si estamos situados en el ángulo adecuado con respecto a la zona de la nube donde se genera, como ocurre con las pompas de jabón, las manchas de aceite o las alas de algunos insectos. Además, es conveniente que el Sol esté oculto (ya sea por nubes gruesas o algún edificio) o que dispongamos de unas buenas gafas de sol, porque si no, sus rayos nos deslumbrarían y no conseguiríamos ver nada.

Este bello fenómeno óptico se produce cuando la radiación solar o la procedente de la Luna, porque también se puede ver de noche, inciden bajo un ángulo determinado en una miríada de pequeñas gotas de agua o cristalitos de hielo. Estas partículas tienen que ser diminutas, apenas unos pocos micrómetros, y estar situadas en varias capas de tamaño similar, ya que si varían mucho, el color se vuelve blanquecino. Habitualmente aparecen en los bordes, donde la nube es más tenue, puesto que los rayos deben atravesar solo una partícula y no varias. Eso es lo que permite que la luz se difracte, es decir, se desvíe

Arcoíris de fuego.

al atravesarlas, haciéndolas brillar. Sus colores dependen del tamaño de las gotitas de agua (o cristales de hielo) y del ángulo en el que nos encontremos como observadores. Son más intensas, y por tanto más perceptibles, cuanto mayor es el número de gotas y suelen aparecer en formaciones nubosas «jóvenes», ya que en ese momento las partículas son pequeñas y uniformes.

Frecuentemente se tiende a confundir las nubes iridiscentes con los conocidos como arcoíris de fuego que, en realidad, no son verdaderos arcoíris ni están en llamas, aunque sí se ven en días secos. Su nombre científico es arco circumhorizontal y aparece en nubes muy altas (cirros y cirrostratos) formadas por un tipo en concreto de cristales de hielo hexagonales, aplanados y alineados horizontalmente. Para que los rayos incidan adecuadamente, el Sol debe estar muy alto, a unos 58º por encima del horizonte. Entonces, al recibir la luz, los cristales se comportan como un gigantesco prisma que la descompone en los colores del espectro. Esta cromática imagen se adapta a la forma de la nube, apareciendo arcoíris de fuego trenzados, ondulados, de rayas, de ríos y un sinfín de formas diferentes.

REFRACCIÓN Y DIFRACCIÓN

La causa de que las nubes iridiscentes adquieran esas bellas tonalidades es la difracción de la luz, que se desvía al chocar con las minúsculas partículas presentes en dichas nubes. Sin embargo, el arcoíris de fuego requiere que los rayos solares se refracten, es decir, que atraviese (en vez de desviarse) los cristales de hielo.

11

Nubes madreperla

En la estratosfera

Las nubes madreperla están muy relacionadas con las iridiscentes, ya que el proceso de formación de ambas es el mismo, pero las primeras se producen a una mayor altura, tienen los colores más vivos y se pueden ver durante un periodo de tiempo más prolongado, aunque solamente en altas latitudes y durante la estación invernal.

Son conocidas también como nubes estratosféricas polares, debido a que son las únicas que surgen en esa capa de la atmósfera, que es extremadamente seca. Ante esta falta de humedad, la aparición de las nubes intrigaba a los científicos, que, después de muchas investigaciones, han descubierto que las corrientes de aire frío en altura generadas por los polos seguramente aportan el vapor de agua suficiente para ello. A una temperatura cercana a los -80 ºC esa agua, para poder congelarse, necesita entrar en contacto con microscópicas partículas sólidas, que pueden tener tanto procedencia terrestre (residuos de una gran explosión volcánica) como extraterrestre (polvo de meteoritos que se desintegran al entrar en la atmósfera). Con estas condiciones surgen unos cristales esféricos y bastante uniformes, de aproximadamente 10 μ de diámetro. Estos difractan la luz solar (la desvían), creando los brillantes tonos que caracterizan a estas nubes de nácar. La intensidad de los colores alcanza su máximo esplendor

LAS NUBES DE *EL GRITO*

Un equipo de investigadores noruegos sugiere que es altamente probable que fuesen las nubes madreperla las que inspiraron al pintor noruego Edvard Munch en su famosa obra *El grito*, en la que aparece una angustiada figura humana bajo un ondulante cielo rojizo y dorado, típicos tonos que adquieren estas nubes al atardecer.

cuando el Sol se encuentra algunos grados por debajo del horizonte y sus rayos las iluminan desde abajo.

Pero su belleza no está exenta de peligro. Existen dos tipos de nubes estratosféricas polares: unas, las «buenas», surgen a gran altura y contienen cristales de hielo de agua muy puros; pero hay otras, las «malas», que se originan más abajo, al nivel de la capa de ozono, y cuyos cristales contienen ácidos nítrico y sulfúrico. Cuando reciben la luz solar, se produce una reacción química que convierte algunos gases, como los aerosoles de fabricación humana, en radicales libres de cloro, que destruyen el ozono. Este gas forma una capa protectora que actúa como filtro de la radiación ultravioleta, dañina para los seres vivos. Y aunque parece que, gracias a las acciones que se llevaron a cabo a partir del Protocolo de Montreal de 1987, la situación ha mejorado, en la primavera de 2020 se formó el mayor agujero de ozono sobre el Ártico y parece que las nubes madreperla juegan un papel decisivo en ello.

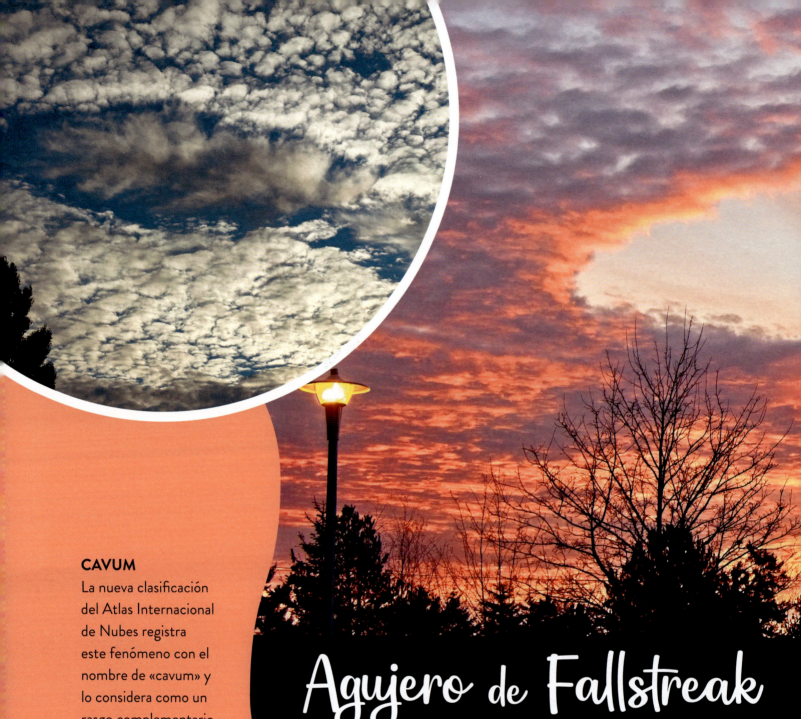

CAVUM

La nueva clasificación del Atlas Internacional de Nubes registra este fenómeno con el nombre de «cavum» y lo considera como un rasgo complementario de altocúmulos, cirrocúmulos y, en menor medida, estratocúmulos. Y dado que, en ocasiones, es producido por los aviones, podría decirse que son nubes del tipo *homomutatus*, es decir, aquellas que se desarrollan por la acción del ser humano.

Agujero de Fallstreak
CAÍDA DE CRISTALES DE HIELO

En ocasiones se produce un inusual espectáculo en el cielo, que durante décadas ha constituido todo un enigma. Un gigantesco agujero, en muchos casos perfectamente circular, aparece entre finas capas de nubes. La divulgación en redes sociales de fotografías con este asombroso efecto ha dado pie a todo tipo de especulaciones y extravagantes hipótesis, como teorías conspirativas que atribuían su origen a ensayos de armas secretas o a alguna extraña nave alienígena.

Pero la ciencia también ha conseguido darle una explicación a este fenómeno, conocido como agujero de Fallstreak. Los meteorólogos

saben desde hace algún tiempo que la abertura se produce cuando los cristales de hielo crecen lo suficiente como para literalmente caer de la nube. Esto ocurre cuando las gotitas de agua que forman la nube están a una temperatura inferior 0 °C, pero aún no se han congelado, ya que, para ello, necesitan una pequeña partícula de algún tipo alrededor de la cual solidificarse. Sin uno de estos núcleos de formación, no se helarán espontáneamente hasta que se alcancen los -40 °C. Cuando eso ocurre y se vuelven suficientemente pesados, los cristales de hielo se desprenden de las nubes y precipitan. El proceso de cambio de estado del agua, de líquido a sólido, emite un ligero calor, suficiente para que las gotas alrededor de los cristales se evaporen dejando un vacío, generalmente circular, en la capa de nubes.

Lo que no estaba tan claro hasta hace bien poco es por qué este fenómeno comienza en una región particular y cómo crece desmesuradamente el tamaño del agujero, a veces hasta llegar a alcanzar los 100 km de diámetro cuatro horas después. Y según recientes investigaciones, parece ser que los aviones son los responsables de desencadenar algunos de estos huecos celestiales. Cuando las aeronaves atraviesan nubes con agua superenfriada (bajo cero), las hélices empujan el aire detrás de ellas, disminuyendo su temperatura hasta en 30 °C y congelando las gotas. En el caso de las alas, la baja presión que se forma sobre las mismas, responsable de que el aparato se sustente, origina también una expansión y enfriamiento del aire que convierte algunas gotitas en cristales de hielo, y a su vez se provoca la evaporación de las gotas circundantes, formando el orificio. Si la aeronave se va desplazando dentro de la propia capa de nubes, el resultado es un «distrail» alargado, que sería como el negativo de una estela de condensación.

Nubes mammatus

JUEGOS DEL VIENTO

Amanecer con hermosas nubes mammatus.

Su extraordinario aspecto puede llegar a resultar, incluso, un poco intimidatorio cuando tenemos sobre nuestras cabezas una nube gigante de cuya parte inferior cuelgan una infinidad de protuberancias semicirculares, semejantes a ubres o mamas. Estas formaciones mastodónticas no son, en sí, un tipo de nube, sino una forma de presentarse. Los glóbulos o mamas pueden tener un diámetro de entre 1 y 3 km y estar agrupados en racimos o, a veces, en líneas que abarcan centenares de kilómetros.

Se han observado mammatus en distintos tipos de nube, aunque son más frecuentes en los cumulonimbos, esas nubes de desarrollo vertical, muchas veces con una especie de yunque en su cima, que se asocian a fuertes tormentas. Pero se sabe relativamente poco acerca de los mecanismos de formación, propiedades y dinámica de esta clase de nubes.

Las primeras investigaciones llegaron de la mano de un clérigo británico, William Clement Ley, muy interesado en la relación entre el clima y las nubes. En 1894 ya las mencionó en su libro titulado *Cloudland: A Study on the Structure and Characters of Clouds* (Cloudland: un estudio de la estructura y características de las nubes). Y a pesar de que en él defendía acertadamente que se puede predecir el clima según el tipo de nube, no fue reconocido hasta mucho tiempo después.

Pero aun ahora las mammatus siguen constituyendo un pequeño misterio. Para empezar, su origen es diferente al de otras nubes. Lo habitual es que se formen a partir de corrientes de aire ascendentes, pero en ellas es al revés: se generan a partir de corrientes descendentes de aire frío y saturado (más pesado) que circulan dentro de la nube. Al encontrarse con el aire cálido y menos saturado (más ligero) que intenta ascender, se moldean las formas cóncavas y convexas. La base de los glóbulos marca la frontera entre un aire estable y fresco que baja y uno inestable y cálido que sube. Otra teoría es que se pueden formar a partir de fuertes corrientes de viento horizontales a esos niveles (cizalladura), lo que impide la precipitación y le da esa forma tan característica.

Tradicionalmente su visión ha producido miedo, creyéndolas presagio de tornados o fuertes temporales. Y si bien las mammatus están asociadas a cumulonimbos, normalmente se encuentran muy alejadas de la parte más activa de la tormenta, a veces a más de 35 km de la misma y en su zona residual. Es decir, que se alejan del observador. Es más habitual que se formen en épocas calurosas, sobre todo en verano, y pueden permanecer durante horas o disolverse en pocos minutos.

COLUMNA

La inusual apariencia estética de las mammatus no deja indiferente a nadie, especialmente cuando se iluminan con los últimos rayos del Sol, y se han vuelto muy valoradas para fotógrafos y artistas. Pero esta atracción no es algo reciente, y estas formaciones ya aparecían en pinturas del siglo XVI.

Nubes noctilucentes

EN LA MESOSFERA

¿Quién no se ha fijado alguna vez en las nubes? Las vemos oscuras y blancas, finas y algodonosas, con diferentes siluetas y siempre en continuo cambio. Los meteorólogos las han clasificado, según la altura a la que se forman, en altas (como los cirros), medias (altocúmulos y altoestratos) y bajas (estratocúmulos y nimboestratos). Todas ellas aparecen, como máximo, a una distancia de 17 km de la superficie. Pero existe otro tipo de nubes descubiertas hace relativamente poco tiempo y que aún se están estudiando. Son las noctilucentes, llamadas así porque brillan de noche con eléctricos tonos azulados.

Conocidas técnicamente como nubes mesosféricas polares, son las más altas y flotan en el espacio por encima de la estratosfera, a más de 80 km sobre el suelo. Allí, en la mesosfera, la temperatura desciende hasta los -140 °C y los niveles de humedad son extremadamente bajos: se calcula que el aire es unas 100 000 veces más seco que el del desierto del Sáhara.

Aunque los investigadores no están seguros de su procedencia, esa capa de la atmósfera tiene un mínimo de vapor de agua, que se condensa por la existencia de partículas secas de diverso origen: una erupción volcánica, restos de meteoritos o, incluso, contaminación. Las bajas temperaturas provocan la formación de pequeñísimos cristales de hielo que se agrupan formando nubes.

Este fenómeno es visible desde mayo hasta agosto en el hemisferio norte y de noviembre a febrero en el sur, siendo su incidencia mayor justo durante el solsticio de verano. Además, no se pueden observar desde cualquier lugar, ya que normalmente estas nubes se ven entre los 50°-75° de latitud norte y sur, es decir, cerca de los polos terrestres.

Sin embargo, los avistamientos se están produciendo cada vez más próximos al ecuador, en latitudes templadas, como en España o en Los Ángeles, en Estados Unidos, y esto parece que tiene que ver con el cambio climático. El vapor de agua que desprende la oxidación del metano puede ser la fuente principal de agua en la mesosfera. Y resulta que esos gélidos dominios están actualmente en los niveles más altos de humedad de los últimos años. Se calcula que sus concentraciones de vapor de agua han crecido un 40 % desde finales de 1800 debido a un gran aumento, en parte causado por nuestra actividad, en las emisiones de metano. Por ello, se forman más cristales de hielo que producen más nubes. Esta es la razón por la que las noctilucentes son mucho más visibles ahora que hace 200 años.

OBJETIVO DE LOS CAZATORMENTAS

Las supercélulas son un objetivo muy perseguido por los cazatormentas, ya que se trata de una combinación ideal de fenómenos. Sin embargo, no es fácil predecir dónde y cuándo se producirán. Según los meteorólogos, para detectar una tormenta supercelular es necesario medir con un radar la velocidad del viento que se aleja o acerca de la misma, y así poder hallar un mesociclón en la tormenta.

Tormenta supercelular

VIOLENTA ENTRADA EN LA ESTRATOSFERA

Cualquier tormenta se caracteriza por la presencia de dos o más masas de aire que están a diferentes temperaturas. El contraste térmico hace que la atmósfera se inestabilice, provocando viento, lluvia, relámpagos, truenos y, a veces, granizo. Las nubes de tipo yunque son típicas de este fenómeno meteorológico y aparecen cuando el aire caliente y húmedo asciende hasta que alcanza la tropopausa, que es la zona de transición entre la troposfera y la estratosfera, de donde no puede pasar. Entonces, se extiende lateralmente, creando la característica parte superior con forma aplanada.

En muchos casos, sin embargo, el aire consigue penetrar hasta la estratosfera y se genera una tormenta supercelular, también llamada

supercelda, con vientos extremos, incluso tornados, y abundante precipitación. Suele alcanzar dimensiones excepcionales tanto en la vertical, con unos 15 o 20 km de altura, como en la horizontal, abarcando de 50 a 200 km.

Todo esto se debe a una poderosísima columna de aire ascendente (en ocasiones, dos) que gira a una velocidad de 240 km/h y recibe el nombre de mesociclón. Puede ocurrir que este sea visible en forma de una enorme torre nubosa que presenta un aspecto muy característico, como un sacacorchos.

Debido a la energía e inercia del proceso, el cumulonimbo es capaz de superar la tropopausa, proyectando intensas corrientes que se introducen en la estratosfera, a la que lanza vapor de agua y cristales de hielo. Se crea de ese modo una especie de penachos de nubes tipo cirro sobre el yunque que los meteorólogos conocen bien, ya que saben que su presencia anticipa la probabilidad de que se produzca una tormenta espectacular. Durante la misma, la expansión de las nubes provoca que las piedras de granizo crezcan más deprisa y durante más tiempo, alcanzando en ocasiones el tamaño de una naranja. El contraste extremo de temperaturas impulsa a su vez remolinos y turbulencias que pueden acabar en tornados y rachas muy intensas de viento.

Por todo ello, tienen un ciclo de vida inusualmente largo en comparación con otras tormentas, pudiendo durar varias horas. Además, se propagan de forma anómala, desviándose del flujo de viento dominante y cambiando de dirección repentinamente.

Existen diferentes tipos de tormentas supercelulares. En función de sus dimensiones, pueden ser supercélulas o minisupercélulas. Y según su precipitación, se clasifican en baja, clásica o alta.

Tornado o tromba marina sobre el mar Mediterráneo en un día de invierno soleado.

MANGAS MARINAS

Cuando un tornado se forma en el agua, principalmente sobre el mar, pero también en un lago, recibe el nombre de manga o tromba marina. Normalmente no tienen la misma intensidad que sus homólogos terrestres, con los que comparte casi todas las características, aunque no hay que subestimar su fuerza. De hecho, pueden adentrarse en tierra firme y transformarse en tornados, o viceversa.

Tornados

EL ENCUENTRO DE DOS CORRIENTES DE AIRE

Seguramente todos sabemos lo que es un tornado. Aunque realmente se trata de un fenómeno invisible, conocemos su característica forma de embudo porque las fuertes corrientes de aire arrastran partículas de polvo y humedad a su paso que lo dotan de color perceptible a nuestros ojos. Hemos visto noticias con imágenes espectaculares y desoladoras que nos muestran el poder destructor de esta fuerza natural. Un tornado es capaz de desplazarse hasta 100 km antes de desaparecer, dejando a su paso graves daños materiales y humanos. La mayoría de ellos alcanza velocidades de entre 65 y 180 km/h, si bien algunos llegan a superar los 450 km/h. Más allá del impacto visual que supone, se trata de un inmenso túnel de aire constituido por vientos ciclónicos, que por lo general alcanza los 75 m de ancho y que gira de manera violenta desde la base de una nube tipo cumulonimbo hasta la superficie de la Tierra.

La formación de los tornados, que en muchos casos tienen su origen en tormentas supercelulares, sigue albergando incógnitas para los científicos y meteorólogos que los estudian. Sin embargo, sí se sabe que son necesarias unas condiciones especiales para que aparezcan. En primer lugar, tienen que existir dos corrientes de aire, una fría y seca y otra caliente y húmeda, que converjan horizontalmente. El aire caliente, que debería estar por encima, queda atrapado en la parte inferior, produciendo que ambas corrientes fluyan a diferentes alturas, de forma paralela y con direcciones opuestas. Llega un momento en que el aire frío comienza a descender, mientras que el cálido se eleva, dando lugar a una columna en forma de tubo giratorio que va ganando velocidad y levantando el vórtice a una posición vertical. Cuando este toca el suelo, la corriente se acelera nuevamente y el aire caliente comienza a ascender de forma violenta, generando un efecto de succión que puede hacer volar vehículos y casas.

Este fenómeno puede durar desde unos pocos segundos a más de una hora. Aunque su aparición es relativamente rara, los tornados se forman en todos los continentes, salvo en la Antártida. Las grandes llanuras norteamericanas son un lugar especialmente afectado por este proceso meteorológico, ya que allí converge el aire frío y seco de las Montañas Rocosas con el cálido y húmedo del golfo de México. Esta zona es conocida como el corredor de tornados y ha dado lugar a un turismo meteorológico con varias empresas estadounidenses dedicadas a la caza de esta fascinante maravilla. Por su parte, en Sudamérica hay un «pasillo de los tornados» entre el centro de Argentina y Uruguay.

Tormenta de arena

POR CONTRASTE TÉRMICO

Como si se tratase de gigantescas olas marinas con cuerpo de arena en vez de agua salada, este espectáculo de la naturaleza es tan hermoso como aterrador. Todo se vuelve insignificante ante un muro que puede superar los 1 000 m de altura por 10 veces más de diámetro y avanza a unos 40 km/h. Son habituales en África, la península arábiga, Asia Central, China, Australia y las grandes llanuras norteamericanas, y los habitantes de estas zonas secas o desérticas donde se producen saben de sus peligros: falta de visibilidad, accidentes y problemas de salud.

Curiosamente, parece ser que este fenómeno tiene distinta génesis según la zona en la que aparezca. Por ejemplo, en Estados Unidos suele formarse a partir de una tormenta ordinaria de rayos y truenos, mientras que en África surge de un choque de una masa de aire frío con otra de aire húmedo. En general, es necesario un contraste térmico entre el suelo y las capas medias y altas de la atmósfera, siendo más frecuente después de unos días de calor intenso. Esto provoca la aparición de fuertes vientos, con rachas que pueden superar los 100 km/h y levantan grandes cantidades de arena y polvo. Estas partículas son arrastradas con violencia y al golpear con el suelo u otro obstáculo, se fragmentan en trozos más pequeños, viajando transportadas por el viento a muchos kilómetros.

HABOOB

Este fenómeno también es conocido como *haboob*, palabra que procede del árabe y significa «viento fuerte». Fue utilizada por primera vez por la Sociedad Meteorológica Estadounidense en 1972 al comparar una tormenta de arena en Arizona con las que suelen producirse en Sudán. Pero no es algo exclusivo de la Tierra, ya que también se han observado tormentas de esta clase en Marte.

Tormenta de arena en el desierto de Arizona.

Se estima que cada año 20 millones de toneladas de partículas son arrastradas desde el Sáhara hasta el Amazonas, fertilizando la selva al aportar minerales, como el fósforo y el nitrógeno. Al parecer, también contribuye al crecimiento del plancton en los océanos, ya que puede aprovechar dichos nutrientes. En el aspecto negativo, afecta a la calidad del aire, acelera el proceso de degradación del suelo, causa pérdidas en la agricultura y puede tragarse ciudades enteras, como ocurrió con Phoenix (Arizona) en 2018.

Aunque se trata de un acontecimiento natural, los expertos están preocupados por la influencia de algunas malas prácticas del ser humano, como la deforestación, la sobreexplotación agrícola o el pastoreo excesivo, que contribuyen a la desertificación y, con ello, a incrementar la posibilidad de que se produzcan tormentas de arena cada vez más virulentas y frecuentes. De hecho, en la década de 1930 Norteamérica sufrió un periodo de sequías persistentes debidas a un uso abusivo del suelo. Se levantaron enormes nubes de polvo, que convirtieron las grandes llanuras desde el golfo de México hasta Canadá en un desierto, y está considerado uno de los peores desastres ecológicos del siglo XX.

Lago Ologa, zona del Catatumbo durante una tormenta eléctrica.

Relámpago del Catatumbo

AIRE CALIENTE Y AIRE FRÍO

El relámpago es un fenómeno meteorológico frecuente que se puede observar en todo el planeta, pero la intensidad con que se produce sobre el lago Maracaibo lo convierte en la Capital Mundial de los Relámpagos, según la NASA. Además, posee un Récord Guinness como el paraje con más alta concentración de rayos en el mundo y podría convertirse en el primer fenómeno atmosférico nombrado Patrimonio de la Humanidad.

Y es que en la cuenca del río Catatumbo estas tormentas se producen entre 260 y 300 noches al año, lo que suma aproximadamente 1,6 millones de relámpagos, con un promedio de 250 por kilómetro cuadrado. Suelen ser más potentes durante los meses de octubre y noviembre, aunque a veces, cuando hay sequías prolongadas, pueden desaparecer temporalmente.

La orografía de la zona juega un papel fundamental. El lago Maracaibo está rodeado de montañas, dejando una estrecha ventana al norte que se abre al golfo de Venezuela. Por la tarde, a través de ese pasillo entran los cálidos vientos alisios, que después se topan con las sierras. Ante estos obstáculos orográficos y el choque con el aire frío procedente de los Andes, los vientos se frenan, ascienden y producen cumulonimbos, grandes nubes de desarrollo vertical de entre 12 km y 16 km de altura. Dentro de ellas existe una separación de cargas eléctricas: la negativa se acumula en la parte inferior y la positiva, en la superior. Cuando la diferencia entre ambas cargas alcanza el nivel necesario, el desequilibrio se corrige bruscamente mediante una descarga gigantesca, el rayo, que es la chispa a la que siguen el relámpago y el trueno.

Las tormentas eléctricas del Catatumbo suelen producirse de nube a nube, pero en ocasiones llegan a la superficie terrestre, causando pérdidas humanas, de ganado o bienes materiales. Dicen que la energía que desprenden estos relámpagos durante 10 minutos podría iluminar toda Sudamérica. Además, es sabido que las tormentas eléctricas producen una gran cantidad de ozono, aunque no se tiene muy clara su contribución a la regeneración de los agujeros que se han producido en la capa de dicho gas, ya que se suele quedar en alturas inferiores sin llegar a la estratosfera.

En la actualidad, el relámpago del Catatumbo forma parte de la bandera, el escudo y el himno de Zulia y fue declarado Patrimonio Natural de dicho Estado en 2005.

HISTORIA DEL RELÁMPAGO

Este fenómeno ha tenido relevancia en la historia de Venezuela porque, además de servir como «faro» para los marineros, ha conseguido evitar ataques, como el del corsario Francis Drake cuando en 1595 quiso sorprender a la armada española sin éxito, ya que la luz desveló sus intenciones, según recoge Lope de Vega en su poema «La Dragontea».

Sprites rojos

ELECTRICIDAD ATMOSFÉRICA

Sprites rojos.

Sabemos que las tormentas acarrean, además de lluvia, viento y granizo, una poderosa actividad eléctrica con sus rayos, relámpagos y truenos. Todo ello ocurre debajo de las nubes, pero por encima de ellas suceden otros increíbles fenómenos luminosos, los *sprites*, breves destellos de luz rojiza que normalmente pasan desapercibidos para el ojo humano.

También conocidos como espectros rojos, son unas descargas eléctricas a gran escala que se producen en la mesosfera, la tercera capa de la atmósfera situada entre los 50 y los 85 km de altura. En ocasiones pueden adoptar distintas formas, como una vistosa medusa con sus tentáculos o una columna, y se han registrado *sprites* que abarcan 50 km de ancho y largo.

Esta maravilla meteorológica es difícil de ver y más aún de estudiar. Las ráfagas duran entre 3 y 20 milisegundos y ocurren a una gran altura, por lo que el ojo humano apenas percibe una estructura grisácea, fugaz y difusa. Solo se captan si se fotografían de noche y con cámaras de alta sensibilidad.

Los *sprites* siempre están asociados a tormentas y, aunque se desconoce con exactitud el proceso de formación, aparecen cuando la actividad eléctrica de las mismas es más intensa. Los rayos que todos conocemos emergen de la parte inferior de las nubes y tienen carga negativa, pero en ocasiones surgen rayos en la zona superior de las mismas, con polaridad positiva. Son mucho más potentes y ascienden hacia las capas altas de la atmósfera, desencadenando el espectro. El color que adquieren es debido a que el nitrógeno que flota en el aire a esas alturas interactúa con la descarga de electricidad, emitiendo un resplandor rojizo.

Los primeros informes de avistamientos de destellos rojos sobre las tormentas se remontan al siglo XVIII, pero no sería hasta 1989 cuando pudieron ser inmortalizados accidentalmente, durante la calibración de una cámara específica para luz muy tenue. Posteriormente, en 1994, la NASA consiguió tomar la primera imagen en colores de este fenómeno y desde entonces se ha observado en todos los continentes, salvo en la Antártida.

Como suele ocurrir frecuentemente ante lo desconocido, estas ráfagas luminosas han sido confundidas en muchas ocasiones con ovnis. Pero también existen auténticos expertos en la materia, los llamados «cazadores de espectros», que, concienzudamente, se dedican a revisar la previsión meteorológica en busca de fuertes tormentas para, si tienen suerte, poder captar un *sprites*. Y eso, en la mayoría de ocasiones, solo lo sabrán cuando revisen las fotografías.

EVENTOS LUMINOSOS TRANSITORIOS

Los *sprites* pertenecen a un grupo bastante misterioso y llamativo de fenómenos naturales llamados eventos luminosos transitorios, que ocurren en la alta atmósfera. Son acontecimientos ópticos que están directamente relacionados con la actividad eléctrica de las tormentas que tienen debajo. Los más comunes, junto con los espectros, son los llamados chorros azules y los duendes.

29

Rayos volcánicos

UN EFECTO ELÉCTRICO

Una erupción volcánica constituye uno de los fenómenos más impactantes de la naturaleza. Sus impresionantes rugidos, las tremendas explosiones que lanzan al aire nubes de cenizas y gases, los temblores y las lenguas de fuego que resbalan por las laderas del volcán constituyen un espectáculo sobrecogedor. Y aunque, si pensamos en rayos, lo que primero que nos viene a la cabeza es una tormenta, en algunas erupciones también se pueden producir estremecedoras descargas eléctricas.

La primera observación de los rayos volcánicos, también conocidos como tormenta sucia, de la que se tiene constancia se remonta al año 79, cuando el escritor romano Plinio el Joven describió la erupción del Vesubio que sepultó Pompeya y acabó con la vida de su tío y mentor, Plinio el Viejo. Dejó constancia de este tremendo suceso a través de unas cartas en las que relata que «una negra y horrible nube, rasgada por torcidas y vibrantes sacudidas, se abría en largas grietas de fuego, que semejaban relámpagos, pero eran mayores». Actualmente se sabe que alrededor de un tercio de las erupciones están acompañadas por estos resplandores.

El fenómeno se origina por un mecanismo análogo al que tiene lugar en las nubes de tormenta, ya que un relámpago es una descarga que se genera a partir de un desequilibrio muy grande entre dos cargas eléctricas. En la nube, los cristales de hielo y las gotas de agua se mueven a gran velocidad chocando entre sí, lo que separa las cargas eléctricas: las positivas se quedan en la parte superior de la nube y las negativas, en la inferior. En las erupciones volcánicas ocurre prácticamente lo mismo. El intenso roce de las partículas de ceniza y los piroclastos al ser expulsados da lugar a la carga eléctrica que, una vez alcance cierto valor, provocará el relámpago. Y se añade otro factor, ya que la rotura violenta y la pulverización que sufre el material al salir por el cráter genera electricidad adicional. Según recientes investigaciones, es probable que la presencia de gas radón liberado en las erupciones también tenga que ver con la generación de estos rayos.

En ciertas ocasiones, el vapor de agua presente en la atmósfera o procedente del volcán genera grandes nubes sobre el cono, dentro de las cuales se pueden dar procesos casi idénticos a los que ocurren en una nube de tormenta, con los consiguientes relámpagos.

Erupción del volcán Taal en 2020.

Rayos volcánicos alrededor de una gran columna de ceniza producida durante las erupciones volcánicas del Eyjafjallajökull en 2010.

ORIGEN DE LA VIDA

Aunque se desconoce cómo fue el inicio de la vida en la Tierra, se cree que dependió de un cóctel preciso de ingredientes, entre los que se encuentra el fósforo. Y parece ser que este elemento se volvió disponible gracias a los millones de relámpagos que impactaban en nuestro planeta. Al golpear el suelo crean una formación vítrea llamada fulgurita, que contiene un mineral rico en fósforo.

Rayos crepusculares.

HORA DORADA

En fotografía, el momento en que aparecen los rayos crepusculares recibe el nombre de hora dorada y es especialmente apreciado. Este momento, al amanecer o atardecer, se caracteriza por una luz cálida y sombras alargadas debido a la posición baja del Sol. Pese al nombre, su duración suele oscilar entre los 20 y los 30 minutos, en función de dónde nos encontremos, la estación del año y las condiciones climáticas.

Rayos anticrepusculares

FRUTO DE LAS SOMBRAS

Todos hemos tenido ocasión de observar, en algún momento, unos haces de luz algo desconcertantes que parecen proceder de una fuerza superior. Antiguamente, se creía que eran una señal divina, por lo que se los conoce como rayos de Dios, rayos del Espíritu Santo, dedos de Dios o rayos de Buda, y son muy utilizados en obras de arte, especialmente religiosas, para iluminar las escenas.

Este fenómeno aparece al amanecer y al atardecer. En esos momentos, cuando el Sol está oculto bajo el horizonte, pero aún cercano a él, se produce un resplandor que ilumina las capas superiores de la atmósfera y que conocemos como crepúsculo; de ahí el nombre de los rayos.

Lo que vemos en el cielo no es más que un efecto óptico. En realidad, el abanico luminoso es una secuencia de bandas paralelas intercaladas de aire iluminado y aire ensombrecido. Esto ocurre cuando la luz solar se dispersa por la presencia de polvo, lluvia, nieve o niebla y a la vez se oscurece por algo que proyecta una sombra. Esta tiene que estar producida por un objeto de gran tamaño, como accidentes geográficos o nubes cumuliformes, es decir, cúmulos, cumulonimbos, altocúmulos o estratocúmulos. Si no fuera por esas sombras, no podríamos apreciar los chorros de luz.

En la mayoría de ocasiones, los rayos crepusculares parecen irradiar desde nuestra estrella al este durante el amanecer y al oeste en el ocaso. Sin embargo, los haces de luz y las sombras a veces pueden cruzar el cielo y hacerse visibles de nuevo al lado contrario, en el punto antisolar, denominándose rayos anticrepusculares, cuya intensidad lumínica suele ser menor.

Curiosamente, aunque parece que los haces convergen en un único punto, son casi paralelos entre sí. Esta ilusión es causada por nuestra perspectiva, igual que ocurre cuando contemplamos las vías del tren, que parecen juntarse según se alejan en la distancia.

La denominación de rayos crepusculares se utiliza también para indicar las bandas sombreadas proyectadas por las nubes en cualquier momento del día, cuando la luz penetra a través de las mismas hacia el suelo. En esos casos también se los llama escalera de Jacob, haciendo referencia a aquella por la que los ángeles descienden y ascienden al cielo. Igualmente se pueden ver en un bosque por el contraste entre las sombras de troncos o ramas de árboles y la luminosidad que se filtra. También en una zona con muchos edificios se crea el mismo efecto.

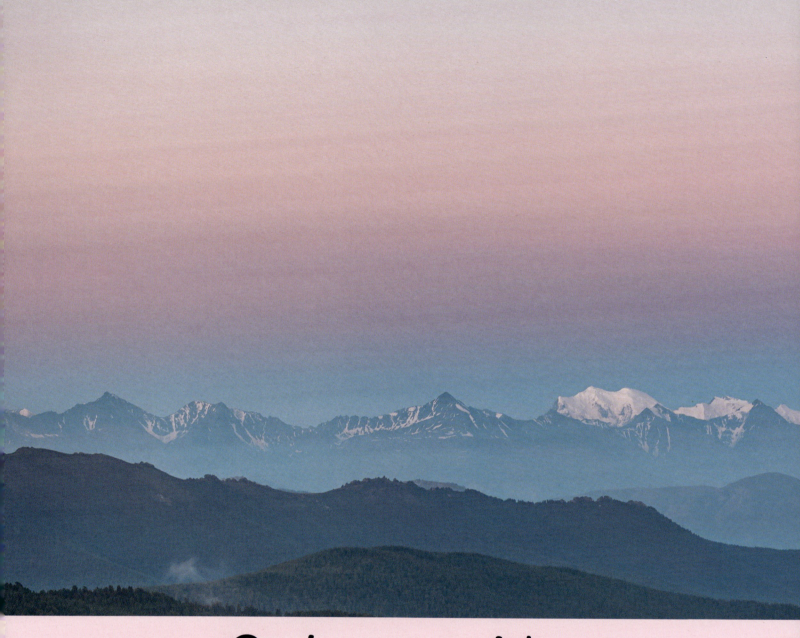

Cinturón de Venus

POR LA CURVATURA DE LA TIERRA

Estamos acostumbrados a bellos amaneceres y atardeceres de intensos tonos rojizos. Y aunque no le hayamos prestado tanta atención, seguramente también hemos presenciado cómo a veces, en esos momentos en que el Sol sale o se esconde, el cielo exhibe una bonita paleta con franjas de colores pastel. Se trata de un fenómeno atmosférico bastante común, pero no muy conocido.

El cinturón de Venus, también llamado arco anticrepuscular, es visible principalmente durante los días despejados de primavera y verano, siempre con el observador de espaldas al astro rey. Entonces, en el cielo podemos distinguir tres segmentos de distintos colores. La parte superior es de un azul pálido, porque aún está recibiendo los rayos solares. Justo debajo de la misma se encuentra otra franja, el cinturón de Venus en sí, en la que dominan las gamas rosáceas. Eso es debido a que el Sol atraviesa casi horizontalmente una gran capa de la baja troposfera, que es más densa y donde existe una mayor concentración de partículas sólidas en suspensión, como polvo o contaminación. Allí, al incidir la luz con el material en un ángulo determinado, es reflejada en el mismo ángulo volviendo a la fuente que la produjo, lo que se conoce como

Cinturón de Venus.

retrodispersión. Dichas partículas dispersan los colores azules, pero mantienen los cálidos, como el rosa y el rojo. Por último, la zona inferior se ve azul marino o grisácea, ya que es la sombra que proyecta la Tierra, y recibe el nombre de segmento oscuro. Dicha umbría se percibe mejor cuando el horizonte es bajo, como en el mar, y también cuanto más elevada sea la posición del observador.

Aunque también se produce al alba, el mejor momento para contemplar este cinturón pastel, que marca un límite entre la sombra nocturna y la luz restante del día, es durante el ocaso. Gracias a la curvatura de la superficie del planeta, el Sol sigue iluminando el cielo una vez se ha ocultado. Así, a medida que desaparece por el oeste, sus rayos se inclinan cada vez más hacia arriba, con lo que el arco anticrepuscular parece elevarse al este, adquiriendo una apariencia más convexa. Sin embargo, cuando nuestra estrella alcanza una posición de unos 18° por debajo del horizonte, su luz se inclina tanto que la banda rojiza deja de ser visible para nosotros. Normalmente, después de aproximadamente 15 minutos, la oscuridad ha ganado el suficiente terreno como para que este fenómeno se extinga.

DIOSA DE LA BELLEZA

Se cree que la etimología de este fenómeno procede de la diosa romana de la belleza, Venus, quien lucía un brillante cinturón que poseía la virtud de otorgar gracia a todo aquel que lo llevara y, además, procurarle amor. Irónicamente, nunca encontraremos al planeta Venus en esa parte del cielo, ya que no puede aparecer a más de 45° del Sol, mientras que el arco anticrepuscular está en la zona opuesta, a 180°.

35

Pilares luminosos

CRISTALES DE HIELO

Aunque a simple vista pudieran parecer luces de neón, en realidad forman parte de los «efectos especiales» de la naturaleza. Mucho menos conocidos que las auroras boreales, pero igualmente fascinantes, los pilares luminosos son fulgurantes columnas de luz que parecen ascender hacia el cielo. Pueden observarse verticalmente por encima o por debajo del Sol, la Luna o cualquier otra fuente de iluminación artificial, como el alumbrado de las calles.

Pero para que este fenómeno se produzca son necesarios algunos requisitos climáticos: que haga frío y que la atmósfera esté en calma. Así, la luz se puede reflejar o bien en los cristales de hielo presentes en nubes a gran altitud, como cirros o cirrostratos, o en diminutos cristales suspendidos en la atmósfera, conocidos como polvo de diamante, propio de días gélidos y despejados.

A medida que dichos cristales, con forma de placa hexagonal, van descendiendo a través del aire se orientan horizontalmente, de manera semejante a los movimientos de una hoja seca al caer del árbol. Así, cada uno de ellos actúa a modo de pequeño espejo que refleja hacia el suelo la luz que recibe de los cuerpos luminosos situados a baja altura.

La tonalidad de las columnas depende de la iluminación que reciban. Por ejemplo, si el Sol se encuentra relativamente alto en el cielo, los colores serán blancos o amarillos, pero si está en el horizonte o justo por debajo de él, los haces serán anaranjados o rojizos. Los pilares situados por encima de la fuente de luz se denominan columnas superiores, y los que están por debajo, inferiores.

Pero en realidad, los pilares luminosos no existen como tales. Ni la luz está encima o debajo exactamente de los cristales, ni estos forman una línea ascendente, sino que están desperdigados por la atmósfera. Lo vemos como una columna recta debido a un efecto óptico, ya que solo percibimos la luz que reflejan los cristales que se encuentran en la misma vertical.

En la Antigüedad, estos fenómenos, entonces incomprensibles, eran atribuidos a dioses o seres mágicos y dieron origen a numerosas leyendas. En la actualidad, en ocasiones han sido achacados a ovnis, como en el caso de las columnas de luz que se observan ocasionalmente sobre las cataratas del Niágara.

LOS PILARES DE VENUS

En nuestro cielo nocturno destaca un planeta por su brillo, Venus, solamente aventajado en fulgor por el Sol y la Luna y, al igual que ellos, también tiene sus pilares luminosos. Se trata de una ilusión visual, ya que el haz de luz realmente se forma en la atmósfera de la Tierra cuando Venus se encuentra cerca del horizonte, al aparecer u ocultarse.

Auroras polares

LUZ Y SONIDO

Seguramente el espectáculo luminoso más cautivador del que podemos disfrutar los seres humanos sean las auroras polares. Rodeadas de leyendas, son una clara manifestación del poder que tiene el campo magnético de nuestro planeta. Según dónde aparezcan, reciben nombres diferentes: aurora boreal si es en el hemisferio norte o austral en el hemisferio sur. Ambas son el resultado de la interacción entre el viento solar y el campo magnético de la Tierra.

La superficie del Sol es inestable; por eso cuando las explosiones y llamaradas solares alcanzan cierta intensidad, enormes cantidades de partículas cargadas eléctricamente son impulsadas al espacio a gran velocidad por el viento solar. En su viaje, muchas de ellas alcanzan el campo magnético terrestre, que las desvía hacia los polos. Allí chocan con las moléculas y átomos de una parte de la atmósfera, la ionosfera, y dicha interactuación desencadena la luminiscencia.

El color de las brillantes luces depende mucho de las partículas de gas con las que los electrones colisionan. Si lo hacen con átomos de oxígeno, se emite luz verde, amarilla o roja. El nitrógeno es responsable de la luz azulada, rosa, púrpura o violeta.

Las auroras se producen a una altura de entre 80 y 1000 km sobre nuestro planeta y se pueden observar principalmente en los arcos próximos a los polos (óvalos aurorales), porque ahí el campo magnético de la Tierra es más débil. Sin embargo, si la actividad solar es lo suficientemente intensa, pueden llegar a verse en latitudes más bajas. En España, por ejemplo, está documentada una aurora boreal el 25 de enero de 1938, en plena Guerra Civil, y fue visible desde toda la península. La luz, predominantemente rojiza, se confundió en un principio con el resplandor de un incendio.

Este fenómeno no produce únicamente las sinuosas y coloridas formas que conocemos, sino que también emite sonido. De hecho, el pueblo sami, que habita en Laponia, utiliza el nombre *Guovssahas*, que significa «la luz que puede ser oída», para referirse a él. En 2012, un grupo de investigadores finlandeses recopiló más de 60 grabaciones de chasquidos, crujidos y zumbidos producidos por las luces mágicas.

A simple vista puede parecer que la aurora polar se mantiene estática, pero desde medianoche, los arcos que forman empiezan a balancearse hasta adquirir forma de nube y van desapareciendo conforme amanece.

Espectro de Brocken

GOTAS EN SUSPENSIÓN

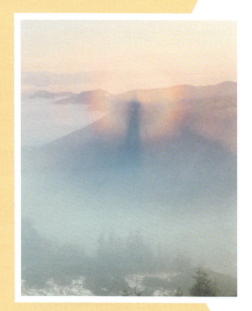

Espectro de Brocken.

Aunque es conocido por muchos montañeros, la primera vez que se tiene la oportunidad de observar este fenómeno un escalofrío puede recorrer la espalda ante una visión con aspecto sobrenatural. Esto ha dado pie a numerosas leyendas que hablan del fantasma de la montaña, un ser alargado que aparece en las cumbres o cielos, siempre envuelto por un haz luminoso. Otra superstición que existía antiguamente entre los alpinistas era que quien veía uno de esos espectros moriría en la montaña. Fue alimentada por el accidente que sufrió en 1865 el equipo del inglés Edward Whymper tras haber conquistado por vez primera la cima del monte Cervino. Cuando llegó la hora de descender, uno de los montañeros resbaló, arrastrando a los demás con él, ya que estaban atados entre ellos. Gracias a que la cuerda se rompió, se salvaron tres de los siete integrantes de la cordada. Entonces, los supervivientes fueron testigos del espectro de Brocken, que Whymper definió como una cosa «ultraterrena y de otro mundo».

La falta de información de la época hizo que algo natural tomase una dimensión fabulosa. Casi un siglo antes, en 1780, el investigador y teólogo luterano Johann Silberschlag ya había explicado científicamente las causas de tal efecto observado en el monte Brocken de Alemania. Silberschlag llegó a la conclusión de que se trata de una ilusión óptica que se produce cuando el sol está más bajo, por la mañana o al atardecer, y siempre que en el ambiente existan gotas de agua en suspensión. El espectador debe estar en la parte alta de una montaña o collado, con el astro rey a su espalda, lo que magnifica su sombra. Alrededor de la misma aparece una aureola conocida en meteorología como gloria, que fue descubierta por el naturalista español Antonio de Ulloa. Esta corona luminosa, a modo de arcoíris invertido, es el resultado de una dispersión hacia atrás (hacia el sol) de la luz que previamente incidió sobre las nubes. Cuanto mayor es el diámetro de la gloria, mayores son las gotitas contenidas en la nube o niebla que la producen.

Curiosamente, si hay más de una persona, cada uno verá su propio espectro de Brocken y no el de los demás. Y si el banco de niebla o nube se mueve, puede dar la sensación de que la sombra también lo hace, incrementando su aspecto sobrenatural. Sin embargo, no solo observaremos formas humanas, ya que también se puede producir con la sombra de un avión o un globo aerostático.

Este fenómeno podría ser la explicación de algunos de los avistamientos de las míticas criaturas de la montaña, como el Yeti del Himalaya, también conocido como Abominable Hombre de las Nieves, o Bigfoot del Norte de América.

UN MONTE EMBRUJADO

Desde la época de la Inquisición en Alemania, el monte Brocken fue considerado como punto de encuentro de brujas y rituales demoniacos. La densa niebla que lo cubre habitualmente hace de él un lugar misterioso. Cuentan que, durante la noche de Walpurgis, las brujas más poderosas acudían a su cima para organizar ceremonias de magia negra y sacrificios con los que invocaban al maligno.

Arcoíris doble

COLORES INVERTIDOS

¿Quién no ha intentado en su infancia pasar por debajo de un arcoíris o encontrar su comienzo y su final? Pese a ser bastante común, no deja de ser un delicioso espectáculo natural, pero poder contemplar un arcoíris doble es todo un privilegio, ya que aparece en contadas ocasiones.

El arco primario se produce cuando los rayos solares inciden en las pequeñas gotitas que hay suspendidas en la atmósfera. En ese momento, la luz atraviesa dos espacios que poseen diferentes densidades, el aire y el agua, de manera que modifica su velocidad y ángulo de trayectoria, refractándose. Posteriormente, se refleja en una de las caras internas de la gota, donde rebota, y cuando sale de nuevo, se refracta otra vez. Como resultado, la luz blanca se descompone en el espectro de colores, convirtiéndose en un alegre abanico de tonalidades. Para poder contemplarlo, obviamente, tiene que salir el Sol mientras llueve y debemos colocarnos de espaldas al astro.

Pero a veces surge un segundo semicírculo de colores, más grande y por encima del primero. Se origina cuando la luz que incide sobre la gota de agua realiza dos reflexiones, en vez de una. Debido a ello, los rayos se cruzan y salen de la gota en orden inverso

provocando que el arco superior sea más tenue, porque en cada rebote se pierde energía, y tiene los colores invertidos: el rojo en el interior y el violeta en el exterior.

Entre ambos arcoíris se percibe una banda oscura, llamada «Banda de Alejandro», en honor a Alejandro de Afrodisias, conocido por sus trabajos de interpretación de la obra de Aristóteles y que describió el efecto por primera vez en el año 200 d. C. En esa franja, el cielo se ve más oscuro porque la luz reflejada del arco primario ilumina la parte interior y la luz del secundario, la exterior.

Respecto a los colores de este fenómeno óptico, aunque tradicionalmente se ha aceptado que son siete: rojo, naranja, amarillo, verde, azul, añil y violeta, en realidad contiene todo el espectro cromático y no se puede afirmar que exista, por ejemplo, un solo rojo, ya que se trata de una degradación de tonos, con una extensa gama de cada uno de ellos.

Lo curioso es que el arcoíris en realidad no es un arco, sino un círculo. Lo que pasa es que la mitad queda oculta bajo nuestro horizonte. Sin embargo, si nos elevamos lo suficiente, a bordo de un avión, por ejemplo, es posible contemplar el anillo completo.

Arcoíris lunar

LUZ BLANCA Y AGUA

De pequeños aprendimos que para que aparezca un arcoíris es necesaria la combinación de lluvia y sol. Las gotas, al recibir la luz solar blanca, actúan como pequeños prismas y mediante reflexión y refracción la descomponen en los colores que ya conocemos. Pero ¿sabías que por la noche también es posible observar este fenómeno? Los arcoíris lunares son poco comunes y requieren de la conjunción de una variedad de condiciones tanto meteorológicas como atmosféricas: la Luna tiene que ser llena, o casi, para que su brillo sea suficientemente intenso (mejor si es una superluna) y debe estar situada baja en el cielo, a no más de 42° grados del horizonte. En ese momento es cuando este cuerpo celeste se encuentra más cerca de nuestro planeta, lo que ocurre después del crepúsculo vespertino y antes del matutino. Además, las gotas de agua deben estar en la dirección opuesta a nuestro satélite; dicha humedad puede proceder de la lluvia o de saltos de agua. Y, al igual que ocurre con los arcoíris solares, el observador debe tener la Luna a su espalda.

A primera vista los arcos lunares no son tan llamativos como los comunes, ya que aparecen pálidos y blanquecinos. Esto es debido a que nuestro satélite no tiene luz propia porque, en realidad, se limita a reflejar la procedente del Sol y esta no es

Arcoíris blanco o arcoíris de niebla.

suficientemente potente como para excitar los receptores de color que poseen los conos presentes en el ojo humano. Pero el espectro completo de tonos está ahí, y es posible captarlo al realizar fotografías de larga exposición.

El arcoíris nocturno se puede observar en casi cualquier región del planeta, siempre que se cumplan los requisitos antes expuestos. Sin embargo, existen lugares donde la humedad elevada y el cielo despejado son habituales, lo que aumenta la probabilidad de que se produzca un espectáculo como este. Tal es el caso de las Cataratas Victoria (en la frontera entre Zambia y Zimbabue), las de Iguazú (entre Argentina y Brasil) o las del Niágara (entre Canadá y Estados Unidos). Igualmente, en los norteamericanos saltos de agua de Cumberland (Kentucky) y del Parque Nacional de Yosemite (California) y en Waimea (Hawái). También son frecuentes en el Parque Nacional de los Lagos de Plitvice (Croacia) y en Inglaterra, especialmente en el condado de York, debido a sus altos niveles de humedad. Este fenómeno fue descrito por primera vez hacia el 350 a. C. por Aristóteles, en *Meteorológicos*, el tratado más leído y comentado sobre física terrestre hasta el siglo XVII.

ARCO DE NIEBLA

Muy parecido al lunar es el arcoíris de niebla, que se forma cuando los rayos del sol o la luna inciden en las minúsculas gotas que forman la niebla. Estas gotitas son tan pequeñas que no pueden reflejar colores, por lo que aparece como una banda blanca, normalmente ribeteada por dos tenues líneas, una de color rojo en la parte superior y otra azul en la inferior.

45

Halo solar al atardecer.

CORONAS

Las coronas son otro fenómeno que también ocurre alrededor del Sol y la Luna, pero estas se forman debido a la difracción de la luz en las gotas de agua de las nubes, mientras que los halos son debidos a la refracción de la luz en cristales de hielo. Se presentan como una serie de anillos coloreados con el interior azul y el exterior rojo.

Halo solar y halo lunar

NUBES Y LUCES

En ocasiones, los científicos han tenido dificultades para explicar algunos fenómenos meteorológicos que aparecen en nuestro planeta, ya sea por la escasa frecuencia con que se observan o por su complejo proceso de formación. Este último es el caso de los halos, conocidos desde antiguo, pero cuyo origen ha tardado mucho tiempo en ser desentrañado por los físicos meteorólogos.

Tanto la Luna como el Sol pueden presentar una circunferencia luminosa pálida alrededor de ellos y, si bien es cierto que es más típica de climas fríos, no es difícil verla en latitudes templadas. Estos anillos blanquecinos ocurren con frecuencia cada vez que se acerca una borrasca precedida por su correspondiente capa de nubes altas del género Cirrostratus que se extiende por todo el cielo, a modo de velo casi transparente. La luz atraviesa los cristales de hielo de dichas nubes y se refracta, variando su velocidad y también su dirección, para aparecer como un círculo de 22º respecto al Sol o la Luna. Así, si uno apunta con un brazo a una de esas dos fuentes de luz y con el otro en dirección a cualquier punto del halo, el ángulo entre los brazos siempre será de 22º. Y aunque este es el más común, conocido como ordinario, principalmente en ambientes polares se forman otros halos superiores que rodean al primero, más grandes y débiles, con un ángulo de 46º. Ocasionalmente, la circunferencia puede presentar parhelios o falsos soles en cada esquina, e incluso un arco tangente superior o «sonrisa del cielo».

El halo solar no es fácil de descubrir, ya que para ello hay que mirar directamente al astro rey y los rayos ultravioletas son dañinos para el tejido ocular. Por lo tanto, hay que hacerlo con la debida protección, como unas gafas homologadas o un cristal de soldador. A veces, el halo se puede observar como un anillo que contiene, de manera muy tenue, todo el espectro de color, pero a diferencia del arcoíris, el interior del círculo lo ocupa el rojo en vez del azul.

En cuanto a nuestro satélite, el halo es blanco y apenas se perciben colores, ya que su luz es menos intensa. Para que se forme, es necesario que las nubes estén lo suficientemente altas y la Luna se encuentre en sus fases más brillantes, mejor aún si es llena. Este círculo brillante ha generado a lo largo de siglos gran cantidad de leyendas, cuentos mágicos y refranes, la mayoría de ellos señalándolo como precursor de lluvias («Si la Luna tiene halo, antes de tres días mojado»).

Parhelio solar

SOLO UN FENÓMENO ÓPTICO

Si tenemos la oportunidad de contemplar un parhelio, podría darnos la impresión de formar parte de una película de ciencia ficción y estar en un planeta imaginario con tres soles, ya que es como si el astro rey se hubiera desdoblado en uno o dos círculos luminosos que se sitúan a los lados. Esta no es la única manera en la que puede aparecer, porque en otras ocasiones, en vez de eso, se manifiesta como coloridos fragmentos de arcoíris; sin embargo, no hay que confundirlos, porque el parhelio aparece siempre junto al Sol, mientras que el colorido arco lo hace en el punto opuesto.

Encuadrado dentro de los fotometeoros (fenómenos ópticos producidos por reflexión, refracción, difracción o interferencia de la luz solar o lunar), su nombre deriva del griego *para-helios* y se puede traducir como semejante al sol. Aunque es cierto que no se trata de algo común, tampoco resulta demasiado extraño poder observarlo, principalmente al atardecer o amanecer, y siempre que se den las condiciones necesarias. Para ello, lo principal es que haya nubes de tipo cirro: bandas delgadas y finas que se forman a una altura de entre 5 000 y 18 000 m y están compuestas por millones de cristalitos de hielo. Dichos cristales, en su mayoría placas hexagonales, flotan horizontalmente y actúan como prismas, refractando la luz que incide sobre ellos y concentrándola en uno o dos puntos.

Los parhelios forman un ángulo de 22° respecto al Sol. Para encontrar este punto en el cielo, basta con colocar el brazo totalmente extendido apuntando al astro y abrir la mano hasta taparlo con la punta del dedo pulgar. Después, como si midiésemos un palmo, hallaremos el parhelio más o menos a la altura del meñique. Esta maravilla de la naturaleza suele tener una duración muy breve, de apenas unos minutos, aunque en ocasiones excepcionales puede permanecer durante horas.

Antes de conocerse el origen del fenómeno, se creía que su aparición era el anuncio de alguna catástrofe o la manifestación del descontento de los dioses. Posteriormente, en el siglo IV a. C. Aristóteles lo menciona en su obra *Meteorológicos*, así como también es nombrado en el libro primero de *De re publica* de Cicerón (siglo I a. C.) y en *Cuestiones naturales* de Séneca (siglo I d. C.). Incluso se representó en un cuadro, *Vädersolstavlan*, que se puede traducir como Pintura del parhelio y que refleja el observado en Estocolmo el 20 de abril de 1535. Aunque el original desapareció, existe una copia de 1636 que permanece en la catedral de San Nicolás de la capital sueca.

PARASELENE

En algunas raras ocasiones se puede producir un parhelio lunar o paraselene. Se trata del mismo fenómeno, solo que aparece de noche y con la luna llena como protagonista, ya que la luz que reflejan y refractan los cristales de hielo procede de ella. En ambos casos, indica cambios meteorológicos, como lluvias o tormentas, que pueden materializarse en las siguientes 24-36 horas.

Eclipse solar.

Eclipse solar
POR EL MOVIMIENTO DE LOS ASTROS

Posiblemente sea uno de los fenómenos naturales más impresionantes, pese a su brevedad. Es fácil imaginar la sorpresa y el desasosiego que podrían sentir nuestros antepasados al notar que el Sol, considerado por muchas culturas un dios, de pronto se oscurecía dejándolos en tinieblas por unos instantes.

Un eclipse solar ocurre cuando, en la incesante coreografía planetaria, la Luna nueva se interpone en el camino entre la Tierra y el Sol, tapando parcial o completamente la estrella. Entonces, nuestro satélite proyecta unas zonas de sombra sobre la Tierra. Y según sean esas sombras, se distinguen tres tipos de eclipse: total, parcial y anular.

Sin duda, el más fascinante es el total, en el que el disco solar es cubierto por completo y únicamente permanece iluminada la corona solar, la región más externa de la atmósfera del astro. Podemos contemplarlo así desde nuestra perspectiva gracias a que el Sol es unas 400 veces más grande que la Luna, pero también está 400 veces más lejos.

Sin embargo, un eclipse total es mucho más que oscuridad. Aunque el momento álgido del bloqueo solo dura entre dos y ocho segundos, en los instantes inmediatamente anteriores y posteriores se pueden observar algunos fenómenos luminosos, como el «anillo de diamantes», un semicírculo muy fino de la corona solar que, de pronto y en un punto concreto, desprende un fulgurante resplandor, como una joya. Otro espectáculo son las perlas de Baily, que se forman al filtrarse la luz a través de los profundos valles y cráteres de la superficie lunar y que apenas dura una fracción de segundo.

Como la sombra que proyecta la Luna no es muy grande, solamente se puede ver un eclipse total en algunas regiones del planeta, dentro de un arco que abarca unos 16 000 km de largo y 160 de ancho. Cerca de esta franja se contemplará un eclipse parcial, en el que la Luna cubre solo una parte del Sol, como si le hubiera dado un mordisco. Y desde puntos más alejados, no se apreciará nada de nada.

Por último, el eclipse anular acontece cuando el satélite se halla más lejos de la Tierra y su tamaño aparente es más pequeño respecto al Sol, por lo que aparece en el centro del mismo, dejando a su alrededor un anillo de luz conocido como «anillo de fuego». En ocasiones excepcionales se produce un tipo de eclipse híbrido cuando, debido al movimiento de los cuerpos celestes, uno total se convierte en anular, o viceversa.

REACCIONES ANIMALES

Los animales silvestres se rigen por la luz del Sol para llevar a cabo sus actividades diarias, por lo que, al parecer, durante los eclipses solares algunas especies, desconcertadas, se dirigen a sus refugios a descansar, mientras que otras de hábitos nocturnos salen de sus madrigueras. Cuando la luz regresa, vuelven a la normalidad.

Luna de sangre

Un filtrado de rayos

Desde los orígenes del ser humano, las distintas culturas del mundo han observado nuestro satélite para conocer los ciclos de la naturaleza y las estaciones. Cada Luna llena tenía su propio nombre distintivo, que se aplicaba al mes en el que ocurría. Así, por ejemplo, existía la Luna de las flores en mayo, la de la cosecha en septiembre o la de nieve en febrero. Pero de vez en cuando, inexplicablemente, una de esas lunas aparecía teñida de rojo, lo que provocaba temor y era interpretado como un mal presagio.

La Luna de sangre es en realidad el nombre popular que se atribuye a un eclipse lunar total. Esto ocurre cuando, en un sincronizado *ballet* cósmico, la Luna, la Tierra y el Sol se alinean, de manera que nuestro planeta se interpone entre el astro rey y el satélite, generando sombra sobre este último. Este fenómeno únicamente tiene lugar durante el plenilunio y con una frecuencia de dos veces cada tres años. Su duración oscila entre los 30 minutos y las tres horas.

Curiosamente, en ese momento la Luna adquiere un tono rojizo, pese a no recibir la luz del Sol. El motivo es que la atmósfera de nuestro planeta filtra los rayos azules y verdes, dejando pasar solo la luz roja, cuya longitud de onda es más larga. Las condiciones atmosféricas también pueden afectar al brillo de los colores. Por ejemplo, partículas adicionales en la atmósfera, como las cenizas de un gran incendio forestal o una fuerte erupción volcánica, provocan que se vea más oscura.

Según la leyenda, el origen de su nombre tiene que ver con el rey Herodes, quien se enamoró de Salomé, la hija que tuvo su mujer en un matrimonio anterior. Durante un festín celebrado por el cumpleaños del rey, Salomé bailó para todos los invitados y Herodes quedó tan prendado de ella que prometió darle cualquier cosa que le pidiera, hasta la mitad de su reino. Sin embargo, la bella joven reclamó la cabeza de Juan Bautista en un plato. Herodes, obligado por haber dado su palabra, tuvo que acceder a la petición. Al parecer, ese día se produjo un eclipse total con una Luna especialmente roja, por lo que desde entonces es conocido como Luna de sangre.

Existen muchas supersticiones respecto a este acontecimiento, como, por ejemplo, la llegada del fin del mundo. Otras creencias indican que, si una mujer embarazada se expone a esta Luna, tendrá un niño con malformaciones, o que mirarla hace perder la cordura.

Eclipse lunar, Luna de sangre, tomada el 31 de enero de 2018 en Bangkok.

Superluna de sangre sobre la icónica Torre de Televisión de Berlín.

TIPOS DE ECLIPSES

Se pueden producir tres tipos de eclipses lunares, aunque el total es el más llamativo. El penumbral sucede cuando solo una parte de la luz solar queda tapada, por lo que es muy sutil y, en ocasiones, apenas perceptible para el ojo humano. En el eclipse parcial, únicamente una parte de la Luna entra en la sombra de la Tierra, que bloquea en esa zona la luz solar directa.

LA CIENCIA QUE ESCONDE EL CIELO

Nuestros ancestros dedicaban muchas horas a observar el cielo. Interpretaban con mayor o menor acierto las misteriosas luces, llamativas nubes, tormentas con aparato eléctrico, arcoíris o eclipses que veían. Eran otros tiempos y la mayoría de estas maravillas naturales constituían un auténtico misterio que, en algunos casos, no se ha desvelado hasta hace bien poco. Sin embargo, los avances científicos y tecnológicos han ido dando explicación a estos curiosos procesos.

TIPOS DE NUBES

El aspecto externo de las nubes depende, fundamentalmente, de las dimensiones y distribución de los cristales de hielo o gotitas de agua que las forman. Los meteorólogos las han clasificado en función de sus diferentes características, distinguiendo diez géneros, que se subdividen en especies y variedades. Es un sistema similar a los que se emplean en la clasificación de plantas o animales.

Así, se agrupan en **cirros** (como filamentos con aspecto fibroso), **cirrocúmulos** (delgadas y blancas con ondulaciones y gránulos), **cirrostratos** (velo nuboso blanquecino), **altocúmulos** (masas redondeadas a modo de «cielo aborregado»), **altoestratos** (capa nubosa grisácea que cubre el cielo), **nimboestratos** (grises con aspecto velado por la precipitación), **estratocúmulos** (redondeadas, alineadas o en ondas), **estratos** (capa de nubes grises relativamente uniforme), **cúmulos** (blancas y densas de contornos bien definidos y desarrollo vertical, como una coliflor) y **cumulonimbos** (amazacotada y de desarrollo vertical, cuya cima es normalmente lisa y se extiende en forma de yunque).

Según su altura se distinguen entre bajas, cuando su base no supera los 2 000 m de altura (estratos, estratocúmulos, cúmulos y cumulonimbos); medias, entre 2 000 y 6 000 m de altura (nimboestratos, altoestratos y altocúmulos), y altas, cuya base está a más de 6 000 m (cirros, cirrostratos y cirrocúmulos).

EFECTOS ÓPTICOS DE LA LUZ

La luz visible está compuesta por fotones que se comportan a la vez como ondas y partículas. Por eso, cuando los rayos del Sol o la Luna interactúan con la atmósfera u otro tipo de materia, como cristales de hielo, agua o partículas en suspensión, se producen distintos efectos ópticos.

DIFRACCIÓN

Cuando **las ondas que forman la luz pasan a través de pequeñas aberturas y alrededor de obstáculos** o bordes afilados, se genera la difracción. Este fenómeno consiste en un **cambio en la trayectoria de dichas ondas, que se deforman y ya no avanzan como un haz, sino que se abren** igual que los faros de un coche en la oscuridad, debido a que el orificio actúa

NUBES ALTAS
Cirrocúmulos
Cirros
Cirrostratos

NUBES MEDIAS
Altocúmulos
Altoestratos
Nimboestratos

NUBES BAJAS
Estratocúmulos
Cumulonimbos
Cúmulos
Estratos

como un nuevo emisor. Si la abertura es grande, la cantidad de difracción puede ser insignificante, pero en otras ocasiones es posible observarlo fácilmente. Por ejemplo, si en una habitación oscura hay un orificio en una pared y luz en el exterior, vemos desde dentro cómo el rayo luminoso que entra se esparce por el cuarto, produciendo una iluminación parcial. Es el mismo efecto que da lugar a los rayos crepusculares.

REFRACCIÓN

La **refracción** ocurre cuando **la luz cambia de dirección al pasar de un medio a otro con diferente densidad,** como el aire y el agua o el aire y el vidrio, lo que también afecta a su velocidad de propagación. La onda pasa al nuevo medio formando un ángulo diferente. Es el fenómeno que explica por qué un objeto recto se ve doblado cuando lo introducimos en agua, como una cuchara en un vaso o unos remos parcialmente sumergidos.

REFLEXIÓN

Por su parte, la **reflexión** se produce cuando **el rayo de luz rebota sobre una superficie y cambia de dirección retornando** al espacio de donde procede. Es decir, el rayo es devuelto al chocar con un medio diferente a aquel en el que se desplaza. Sin ir más lejos, un espejo es una superficie lisa donde rebotan los haces de luz y se forma una imagen por efecto de la reflexión. Otro ejemplo es el caleidoscopio, que consiste en una pieza cilíndrica con dos o tres espejos inclinados y cristales de colores en su interior. El conjunto está

dispuesto de tal manera que, si se mueve el tubo y se mira por uno de sus extremos, se pueden ver distintas figuras geométricas simétricas gracias a la mencionada reflexión.

DISPERSIÓN

La luz blanca, tal como la percibimos del Sol, está formada por toda una gama de longitudes de onda, cada una correspondiente a un color, que van desde el rojo hasta el violeta. La dispersión consiste en la **separación de un rayo de luz en sus distintos colores por efecto de la refracción.** La mayor desviación la sufre la luz violeta, y la menor, la roja. Así, si un rayo de luz blanca incide sobre un prisma óptico, cada radiación simple se refracta con un ángulo diferente. De esta forma, las distintas radiaciones emergen separadas del prisma formando una sucesión continua de colores que denominamos espectro de la luz blanca. En la naturaleza, el arcoíris es el ejemplo más conocido de este fenómeno.

RETRODISPERSIÓN

La retrodispersión se produce cuando **las ondas o partículas inciden en un objeto en un ángulo concreto y son reflejadas de vuelta en el mismo ángulo,** retornando a la fuente que las produjo. Dicha reflexión suele ser difusa, debido a la dispersión. Estos principios de retrodispersión son frecuentemente utilizados en distintos ámbitos, como la meteorología, la medicina o la fotografía, ya que a través del análisis de cómo un objeto dispersa la radiación se puede obtener información sobre la composición de dicho objeto.

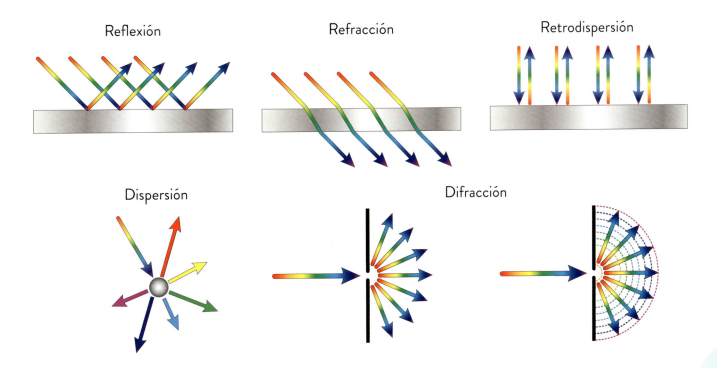

Reflexión Refracción Retrodispersión

Dispersión Difracción

ARCOÍRIS DE FUEGO (pág. 11)

Es un fenómeno que suele confundirse con las nubes iridiscentes, aunque su génesis es diferente. El arcoíris de fuego o arco circumhorizontal se observa como una serie de espectaculares franjas de distintos colores, a modo de llama incandescente. Se produce cuando en el cielo hay una capa de **nubes altas de tipo cirro,** formadas por unos determinados **cristales de hielo que tienen forma hexagonal,** son aplanados y están alineados todos ellos horizontalmente. Para que este arcoíris aparezca, el Sol debe estar muy alto en el horizonte, de modo que sus **rayos entren por una cara casi vertical de cada cristal y salgan por otra horizontal, en una refracción de 90º.** Los cristales se comportan como un enorme prisma que descompone los colores del espectro y da como resultado unos vistosos fuegos celestiales. Este efecto no necesita lluvia para aparecer, más bien al contrario, ya que suele producirse en días muy secos, de ahí su nombre.

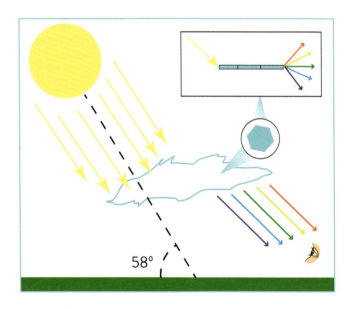

58º

NUBES MAMMATUS (pág. 17)

Estrictamente hablando, las mammatus no son un tipo de nube, sino la forma que adquiere la base de ciertos géneros de las mismas, a modo de mamas o sacos que cuelgan del cielo. Se originan **principalmente en los cumulonimbos,** pero también pueden producirse en cirros, cirrocúmulos, altocúmulos, altoestratos y estratocúmulos. Normalmente todas las nubes se forman cuando el **aire caliente,** menos denso que el frío, **asciende como si fuera una burbuja en el agua,** para condensarse al topar con capas de aire más frío. Cuando han adquirido un gran desarrollo vertical con la típica

estructura de yunque, en la zona más alejada de la parte activa de la nube pueden aparecer **corrientes verticales descendentes de aire frío** que, al chocar con el aire cálido que intenta ascender, dan lugar a las características protuberancias.

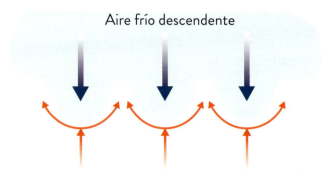

Aire frío descendente

Aire cálido ascendente

TORMENTA SUPERCELULAR (pág. 20)

En ocasiones, durante la formación de una nube tipo yunque, el aire caliente y húmedo consigue alcanzar la estratosfera debido a la aparición de una o dos poderosas corrientes de aire ascendentes (mesociclones) con forma helicoidal que giran a unos 240 km/h, empujando la tropopausa y creando lóbulos que penetran en la estratosfera. Allí, fuertes corrientes rasgan dichos lóbulos, lanzando vapor de agua y cristales de hielo a esa capa de la atmósfera, y crean una nueva cima de cirros sobre el yunque, que puede alcanzar en total los 15 km de altura. Esa mole bloquea las corrientes de aire en la estratosfera, obligando a dicho aire a precipitarse a sotavento de la nube, donde alcanza enormes velocidades. En ese momento, se mezcla el aire frío y seco de la estratosfera con el húmedo y cálido de la troposfera, provocando un contraste extremo de temperaturas que impulsa remolinos y potentes turbulencias, pudiendo acabar en tornados.

TORNADOS (pág. 22)

Los tornados son violentos **torbellinos de aire que generalmente se originan y desarrollan sobre grandes valles.** Para su formación requieren la presencia de capas de aire de distintas temperaturas y diferentes registros de humedad, y que, además, confluyan horizontalmente. El aire caliente queda atrapado en la parte inferior y ambas corrientes comienzan a fluir paralelamente en direcciones opuestas hasta que el aire frío empieza a descender y el cálido, a elevarse. Así se origina una columna giratoria que va ganando velocidad y cuyo vórtice adopta una posición vertical. Cuando toca el suelo, la corriente se acelera, el aire frío desciende por los

TORMENTA SUPERCELULAR

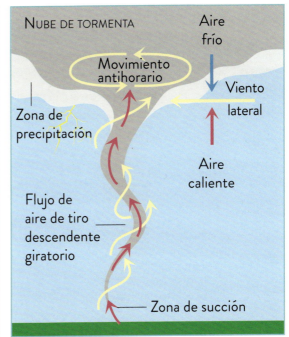

Mesociclón

Corriente ascendente cálida

Corriente descendente fría

Fuertes corrientes rotatorias

Tornado

TORNADO

NUBE DE TORMENTA

Aire frío

Movimiento antihorario

Viento lateral

Zona de precipitación

Aire caliente

Flujo de aire de tiro descendente giratorio

Zona de succión

flancos del trompo mientras que el caliente encuentra en el vórtice una vía para ascender, elevándose con mayor fuerza. De esta manera, el tornado va ganando altura y potencia, produciendo un destructivo efecto de aspiración.

RELÁMPAGO DEL CATATUMBO (pág. 26)

Los relámpagos, junto con los truenos, son los elementos más fáciles de identificar en una tormenta eléctrica. Ambos se originan a partir de los rayos, que a su vez surgen como consecuencia de la **separación de las cargas eléctricas** de la nube: la negativa se acumula en la parte inferior y la positiva, en la superior. El aire no es un buen conductor de la electricidad, y las cargas siguen creciendo hasta que la di-

ferencia de potencial eléctrico entre ellas es enorme. Este desequilibrio se corrige mediante una descarga gigantesca, el rayo. Y el resplandor lumínico que este desprende es lo que conocemos como relámpago.

Hay diferentes tipos de rayos. El más conocido y segundo más común es el que va desde la **nube** (siempre cumulonimbos) **a la tierra,** y es el que representa una mayor amenaza para la vida. El **intranube** es el más frecuente durante las tormentas y se produce entre las diferentes cargas de una misma nube; tiene una intensidad inferior a los anteriores, pero mayor frecuencia. El rayo **internube** se origina entre dos nubes separadas, yendo horizontalmente de una a otra. Si la descarga se produce hacia la ionosfera, se llama rayo nube-aire. Más extraño es el rayo **de tierra a nube,** que genera una corriente inicial ascendente cuando iones cargados negativamente se elevan desde el suelo y se encuentran con otros cargados positivamente en una nube de tormenta.

RAYOS VOLCÁNICOS (pág. 31)

Estos relámpagos que se pueden ver sobre los volcanes se producen por un proceso físico semejante al que ocurre en el interior de las nubes de tormenta, debido a un fuerte **desequilibrio entre dos cargas eléctricas.** En las erupciones volcánicas parece que existen **dos mecanismos básicos de producción de** dichas **cargas,** y ocurren a la vez: la **triboelectricidad** y la fractoelectricidad. La primera es generada por el **roce y fro-**

tamiento de los materiales, ya que durante la erupción a través del cono se producen fuertes corrientes, que provocan un rozamiento muy intenso de las partículas de ceniza y lava expulsadas, lo que hace que se carguen de electricidad. Por su parte, la **fractoelectricidad** tiene su origen en la **rotura violenta y pulverización del material volcánico al emerger** por el cráter, lo que asimismo genera importantes cargas eléctricas.

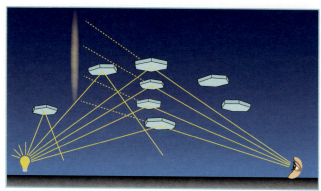

PILARES LUMINOSOS (pág 36)

A partir de unos -20 ºC **el agua cristaliza en forma de microscópicas placas hexagonales,** que se orientan de manera paralela a la superficie de la Tierra y están relacionadas con nubes de tipo cirro. Normalmente, estos cristales planos de hielo se evaporarían antes de llegar al suelo, pero a temperaturas tan bajas y con la atmósfera en calma, pueden sobrevivir flotando en forma de nieve ligera. Cuando la **luz emitida por el Sol, la Luna** o fuentes artificiales, como farolas, **toca las caras horizontales de los cristalitos,** que tienen estructura laminar, **los rayos son desviados y reflejados en el mismo sentido.** Así se crea el efecto óptico de los pilares luminosos que son el reflejo colectivo de millones de cristales de hielo, aunque solo percibimos la luz de los que se encuentran en la misma vertical. Cuanto más elevados estén situados los cristales, el pilar tendrá una mayor altura. En el caso de que el origen sea el Sol, el fenómeno se producirá cuando el astro se encuentre en un punto muy bajo del horizonte, justo al amanecer o antes del ocaso.

CINTURÓN DE VENUS (pág 34)

También llamado arco anticrepuscular, es una **banda de color rosáceo anaranjado visible durante el amanecer y el atardecer.** Debido a la curvatura de la superficie de la Tierra, los rayos solares iluminan el cielo aun cuando el astro rey está oculto en el horizonte. Entonces, su luz atraviesa casi horizontalmente la troposfera y al incidir en determinado ángulo sobre las partículas sólidas en suspensión que hay en ella, es reflejada en el mismo ángulo por un fenómeno de retrodispersión. De esta manera, los rayos vuelven hacia la dirección del Sol. Bajo dicho cinturón, sin una división clara, se percibe una franja oscura, correspondiente a la sombra que la Tierra proyecta sobre su propia atmósfera (segmento oscuro) y en la parte superior luce el cielo azul claro.

AURORAS POLARES (pág 38)

La atmósfera de la Tierra está compuesta por diversos gases como helio, oxígeno y nitrógeno entre otros, todos ellos formados por átomos compuestos por electrones, que tienen carga negativa, protones, con carga positiva, y neutrones sin carga. Por su parte, la Tierra está envuelta en una especie de burbuja o escudo, la magnetosfera, en la que el campo magnético de nuestro planeta desvía la mayor parte del viento solar, protegiéndonos así de la radiación procedente del espacio. Dicho viento es un flujo continuo de electrones y protones que viaja en todas direcciones a velocidades de entre 300 y 1000 km/s, y tarda unos dos días en llegar a nuestro planeta. Cuando alcanza la magnetosfera, esta se deforma estirándose, y repele gran cantidad de partículas, pero algunas quedan atrapadas en el campo magnético y recorren sus líneas deslizándose hacia los polos terrestres.

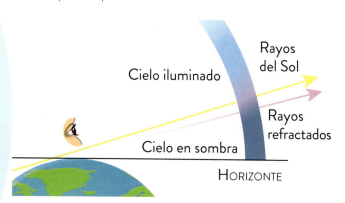

Rayos del Sol

Cielo iluminado

Rayos refractados

Cielo en sombra

HORIZONTE

1- Viento solar

2- Arco de choque

3- Magnetosfera

4- Cúspide polar

5- Electrones e iones

6- Óvalo auroral

7- Líneas de campo magnético

8- Los electrones chocan contra las
moléculas del aire

9- Las moléculas se agitan

10- Las moléculas emiten luz a medida
que se excitan y aumenta su energía

Allí, debido a que el escudo protector es más débil, las partículas solares consiguen penetrar en nuestra atmósfera, donde se encuentran y colisionan con los átomos presentes en la misma, principalmente oxígeno y nitrógeno. Estos choques producen la excitación de los átomos que, para retomar su estado inicial, deben liberar la energía extra y lo hacen emitiendo la luz que conocemos como aurora polar.

ESPECTRO DE BROCKEN (pág. 40)

Se trata de una **ilusión óptica** bien conocida por los montañeros. Cuando un observador (también puede ser un objeto) se encuentra en un lugar elevado, por encima de las nubes o la niebla, y el Sol brilla a su espalda, en el punto antisolar se pro-

yecta una enorme sombra sobre las gotitas de agua, que actúan a modo de pantalla gigante. Dicha sombra está rodeada de una aureola redonda y coloreada, como un arcoíris invertido, conocida como gloria. Esta resulta de una conjunción de procesos de refracción, reflexión y difracción de la luz, ya que las gotas, al recibir directamente los rayos solares, actúan a modo de prisma, descomponiendo la luz blanca en los colores puros que la constituyen. Para la formación de estos vistosos halos, todas las gotas deben tener un tamaño similar.

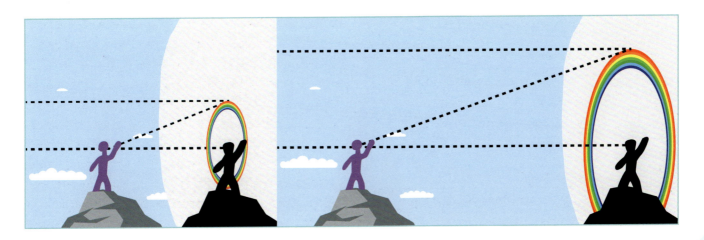

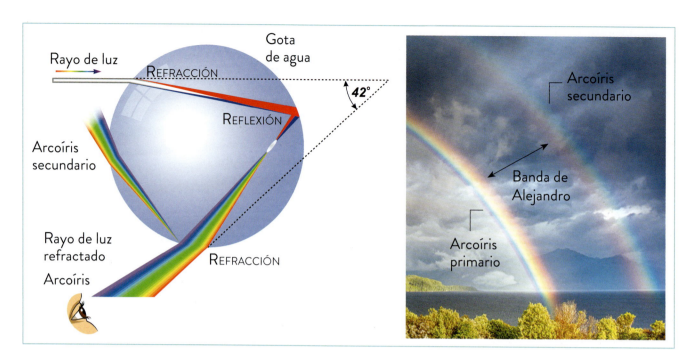

Rayo de luz
Gota de agua
REFRACCIÓN
REFLEXIÓN
Arcoíris secundario
Rayo de luz refractado
Arcoíris
REFRACCIÓN
42°

Arcoíris secundario
Banda de Alejandro
Arcoíris primario

ARCOÍRIS DOBLE (pág. 42)

El arcoíris simple o primario aparece cuando un rayo solar incide en la mitad superior de una gota. Ahí, parte de la luz se refleja y se pierde, pero el resto penetra en el interior de la misma. Al pasar del aire al agua, el rayo cambia de dirección, curvándose de manera diferente para los distintos colores. Posteriormente, choca con la pared interna de la gota, donde rebota, y cuando sale de la misma, se refracta, descomponiendo la luz en el espectro de colores. El segundo arcoíris se produce a partir de un rayo de Sol que penetra por la mitad inferior de la gota y nos es devuelto después de dar dos rebotes internos, en vez de uno. Debido a esa **doble reflexión** los **rayos se cruzan y salen en orden inverso.** Este arcoíris es más débil porque en cada rebote se pierde energía y el ángulo de

salida es mayor. Por esa razón se ve más alto y con los colores colocados en otro orden: el rojo abajo y el violeta arriba. Entre ambos arcos se ve el cielo más oscuro (Banda de Alejandro) debido a que la luz reflejada del arco primario ilumina la parte interior, y la luz del secundario, la exterior.

HALO SOLAR Y HALO LUNAR (pág. 46)

Es un fenómeno óptico a modo de disco pálido y luminoso que puede aparecer alrededor del Sol o de la Luna, siendo frecuente en los climas más fríos. **Se forma a partir de partículas de hielo en suspensión** contenidas en nubes altas de tipo cirro, que se encuentran a más de 6 000 m sobre la superficie. Se trata de pequeños cristales de hielo hexagonales cuya estructura provoca que, cuando **la luz incide sobre**

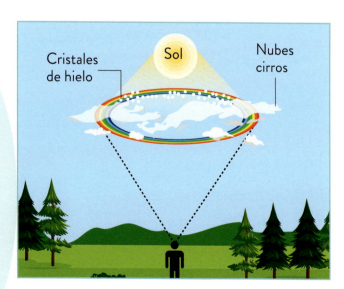

Cristales de hielo
Sol
Nubes cirros

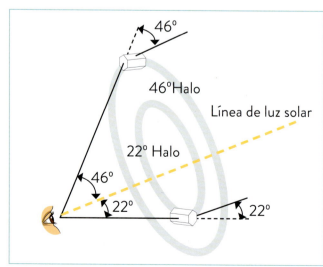

46°
46° Halo
Línea de luz solar
22° Halo
46°
22°
22°

ellos, **varíe su dirección y velocidad,** refractándose con un ángulo de 22 ° respecto al astro rey o a nuestro satélite.

En el caso del halo solar, pueden observarse los colores del espectro cromático, a modo de anillo iridiscente en la circunferencia exterior, con el rojo en la parte interna. En cuanto a la Luna, esta debe estar en fases próximas al plenilunio, y el halo será mayormente blanco, porque la luz es menos intensa.

PARHELIO SOLAR (pág. 48)

El parhelio es otro fotometeoro que puede observarse simultáneamente al halo solar. Se manifiesta a ambos lados del Sol, cuando este se encuentra tras un velo de cirrostratos. **Los cristales de hielo hexagonales** contenidos en estas nubes altas flotan horizontalmente y, **cuando reciben la luz, actúan a modo de prisma.** Los rayos solares son refractados por los cristalitos, originando dos «falsos soles» o en ocasiones solo uno. A menudo tienen un brillo fuerte, siendo rojos en la parte más cercana al Sol, luego de color amarillo y finalmente de un blanco azulado. Cuanto más alto esté el astro rey, más parecen separarse los parhelios del halo. A veces también puede verse este fenómeno en las estelas dejadas por los aviones.

ECLIPSE SOLAR (pág. 50)

Se produce cuando, en su recorrido, **la Luna se interpone entre la Tierra y el Sol,** creando un trayecto sombreado en algunas regiones de nuestro planeta, donde la **umbra** es la **parte más oscura** y la **penumbra** es **una región más clara.** Vemos esta sombra porque, aunque el Sol es 400 veces más ancho que el satélite, también está 400 veces más lejos. Para que se produzca un eclipse solar es imprescindible

PARHELIO

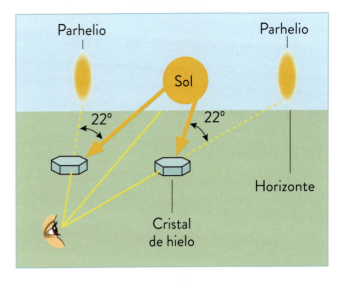

que la **Luna esté en la fase de novilunio,** es decir, cuando su hemisferio iluminado por el Sol no es visible desde la Tierra.

LUNA DE SANGRE (pág. 53)

Este poético nombre se refiere a un eclipse lunar total, que ocurre cuando **la Tierra pasa directamente entre la Luna y el Sol,** de manera que la sombra que genera la luz solar sobre nuestro planeta es proyectada en la Luna. Para que se origine, **es necesario que los tres cuerpos celestes estén alineados.** En ese momento, los rayos solares llegan a la atmósfera terrestre, que desvía la luz y la manda hasta la Luna. El espesor de nuestra atmósfera, sumado a su contenido en partículas de polvo, arena o cenizas volcánicas, entre otras, absorbe la luz azul, verde y amarilla del Sol, pero deja pasar las tonalidades rojas, por lo que el satélite aparece con ese tono. **El fenómeno solo ocurre durante el plenilunio.**

ECLIPSE SOLAR

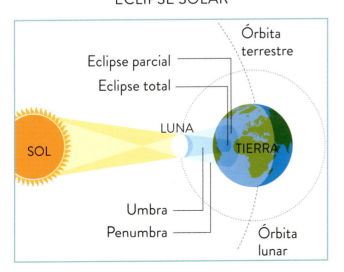

ECLIPSE LUNAR

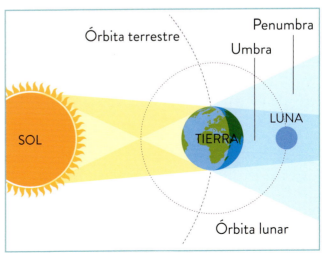

ESCENARIO DE *STAR WARS*

El salar de Uyuni ha sido el escenario de varias películas de ficción, entre las que destaca el episodio VIII de la célebre saga de *Star Wars*, titulado «Los últimos Jedi». En la película representa a Crait, un pequeño planeta mineral salado y deshabitado que se convirtió en refugio para la Resistencia de Leia Organa, que allí se enfrentó a la Primera Orden en la batalla final.

Salar de Uyuni

UN TESORO DE LITIO

Más de 10 500 km² de una blancura sin fin que, vista desde el espacio, se asemeja a un gran glaciar en el Altiplano boliviano. Al menos, eso es lo que pensó el astronauta Neil Armstrong cuando observó la Tierra desde el Apolo 11 y aquella mancha resplandeciente le dejó tan impresionado que se comprometió a visitarla tras su odisea espacial.

Según la leyenda, el salar de Uyuni se formó con la leche materna derramada por el volcán Tunupa cuando le robaron a su recién nacido, y cada año sus lágrimas inundan este mar salado en época de lluvias. Y es que en ese momento el agua se acumula sobre el salar, que se transforma en un gigantesco espejo gracias a un mineral llamado ulexita, en el que se reflejan el cielo, nubes y

montañas. Sin embargo, durante la estación seca la salmuera se evapora, creando fracturas en la superficie, que pasa a convertirse en un auténtico lienzo de perfectos hexágonos.

El lugar que ocupa hoy Uyuni fue hace 40 000 años parte del gran lago Minchin, que, tras el derretimiento glaciar, se convirtió en el lago Tauca. Debido al calor de la actividad volcánica y la falta de afluentes, el agua se evaporó miles de años después y los lagos se solidificaron, conformando la actual extensión plana. Los únicos testigos de este pasado prehistórico son 32 islas formadas por corales y estromatolitos (arrecifes microbianos formados por la actividad de las algas verdeazuladas) petrificados que incluso albergan cactus gigantes.

Al parecer, este desierto blanco está formado por 11 capas de sal con un espesor de entre 2 y 10 m cada una. Aunque se cree que tiene una profundidad total de 120 m en la parte central, este dato no se conoce con exactitud, pero se estima que la cantidad de sal contenida oscila entre los 64 y los 100 millones de toneladas. Cada año se extraen unas 25 000 toneladas para consumo interno y exportación.

Pero, además, esconde otros valiosos elementos, como potasio, boro, magnesio y, sobre todo, litio. Este último es considerado el «oro blanco», ya que es imprescindible para la fabricación de todo tipo de baterías, desde las empleadas en los teléfonos móviles y ordenadores a las que se utilizan en los coches eléctricos. Es un material que se considera estratégico para el futuro de las naciones industrializadas, y el salar de Uyuni alberga la reserva más grande del mundo de litio, con más del 50 % del total. A pesar de que se trata de un recurso abundante en la naturaleza, es más fácil y barato extraerlo de la salmuera.

Rosa del desierto

FLOR DE VIEJOS MARES

Rosa en el desierto mauritano.

AMULETO

Este frágil mineral tiene un color que puede variar entre el marrón, ocre, crema o blanco, en función de la arena que se incruste en la roca. Si hay óxido de hierro en la zona, las rosas adquieren un tono oxidado. Su formación puede durar décadas o siglos, y es considerada como un amuleto de protección, ya que se le han atribuido propiedades esotéricas, espirituales y hasta curativas.

Existe una hermosa y delicada rosa que nace de la arena de los desiertos y nunca se marchita. Pero, al igual que una flor real, necesita agua para poder «florecer». Una de las muchas leyendas que circulan al respecto habla sobre un caballero que estaba locamente enamorado de una bella princesa. Su amor era tan intenso que le resultaba insoportable no poder estar junto a ella debido a la enorme distancia que les separaba, hasta que un día su corazón no pudo más y explotó. Cuando las gotas de sangre tocaron la arena, se convirtieron en rosas del desierto.

En realidad, se trata de un mineral bastante común en climas áridos, que debe su nombre a la particular y hermosa estructura que adquiere, semejante a pétalos. Habitualmente aparecen como piedras individuales, con un tamaño que oscila entre 2 y 10 cm de diámetro, aunque la más grande que se ha encontrado medía 43 cm de ancho y 25 cm de alto. Pero también se pueden ver agrupadas en racimos, algunos de los cuales, muy inusuales y apreciados por los coleccionistas, llegan a alcanzar 1 m de alto y 400 kilos de peso.

La rosa del desierto es una evaporita, es decir, una roca sedimentaria que se forma por cristalización de sales disueltas en lagos y mares, y parece ser que la mayoría de ellas surge en zonas que antiguamente fueron eso, mares o lagos salados que posteriormente desaparecieron bajo la arena. «Crece» en regiones áridas de suelo arenoso, bajo el que se extiende una capa de yeso, situada desde unos decímetros hasta unos pocos metros por debajo. También es imprescindible la presencia de aguas subterráneas poco profundas.

Con estas condiciones, el yeso entra en contacto con la capa freática o con la escasa lluvia que pueda caer, lo que ocasiona que se solubilice parcialmente y tienda a elevarse por capilaridad junto con el agua. Finalmente, las altas temperaturas del desierto, al calentar la superficie de la arena y al evaporar el agua rica en sulfato de calcio, provocan la cristalización del yeso en la característica forma de pétalos. Es un proceso similar al que ocurre cuando se deja agua con sal en un recipiente bajo la luz directa del sol: el agua se evapora y al final solo quedan cristales de sal. El yeso reacciona de la misma manera cuando se expone al calor. Posteriormente, el viento con su acción excavadora sobre las arenas hará emerger a la superficie el yacimiento de este mineral que, si no se recoge, acabará disolviéndose.

Desierto de arenas blancas

DUNAS DE YESO

Lo que a primera vista podría parecer un insólito océano de nieve en pleno desierto de Nuevo México es en realidad el campo de dunas de yeso más grande del mundo. Abarca una extensión superior a 700 km² de un blanco refulgente dentro de un valle enmarcado por montañas, la cuenca de Tularosa. Su aspecto, aunque semejante, es siempre diferente, porque las dunas están en continuo movimiento debido a los fuertes vientos de la zona.

Este paisaje es tan inusual debido a que el yeso es un elemento que no se suele ver en la superficie, porque se disuelve muy fácilmente con el agua. Su formación comenzó hace millones de años, cuando el mencionado mineral se sedimentó en el fondo de un mar poco profundo que cubría el área. La posterior actividad tectónica elevó el lecho marino para crear parte de las montañas de San Andrés y Sacramento.

Hasta hace aproximadamente 10 000 años, lo que hoy aparece como un desierto era un vergel de grandes lagos y vida exuberante. Después de una edad de hielo, el clima se calentó, y la lluvia y el deshielo disolvieron el yeso de los montes circundantes, transportándolo hacia la cuenca. La temperatura siguió aumentando, lo que provocó que los lagos se evaporaran dejando el mineral

Parque Nacional de Arenas Blancas.

al descubierto. Por último, las fuerzas de la naturaleza desintegraron los cristales, dando paso a las dunas, que pueden alcanzar los 17 m de altura.

Casi la mitad de este blanco paraje se encuadra dentro del recientemente designado Parque Nacional White Sands (Arenas Blancas). Y es que, aunque parezca increíble dadas las extremas condiciones de este desierto, en él viven más de 800 especies animales, de las cuales varias son endémicas del lugar. Curiosamente, a lo largo de siglos de evolución, algunas de ellas han ido cambiando gradualmente su color, volviéndose más blanquecinas que sus «primos» que viven en otros entornos. De igual manera, el reino vegetal ha llevado a cabo adaptaciones asombrosas para sobrevivir entre las dunas, donde unas 300 especies de plantas proporcionan refugio y alimento a la fauna.

Fuera del parque, otra parte del desierto la ocupa el Polígono de Misiles de Arenas Blancas, una zona de experimentación militar donde Estados Unidos realizó su primera detonación de un dispositivo nuclear en 1945. También la NASA ha establecido allí una instalación para probar motores de cohetes.

Desierto de los pináculos

CRUSTÁCEOS Y ARENA

En el corazón del australiano Parque Nacional de Nambung existe un llamativo desierto de cuyas doradas y finas arenas emergen miles de pináculos rocosos de caprichosas formas. Algunos son altos y estrechos, como columnas, y pueden llegar a los siete metros de altura; otros, más bajos y anchos, recuerdan a lápidas. Los aborígenes evitaban estas estructuras, ya que creían que se trataba de fantasmas fosilizados. Según una antigua leyenda, unos jóvenes se adentraron en un lugar sagrado reservado para las mujeres, provocando el enfado de los dioses, que los enterraron vivos. Antes de morir, los muchachos blandieron sus armas a través de la arena, y estas quedaron petrificadas en forma de monolitos.

Aunque los científicos no se ponen de acuerdo respecto al origen de estos curiosos monolitos, parece que el proceso de creación comenzó hace unos 30 000 años. En esa época, gran parte de la superficie terrestre estaba cubierta por hielo, lo que provocó que el nivel del mar disminuyera alrededor de 150 m. Parte de la costa oeste australiana emergió, dejando al descubierto grandes depósitos de material calcáreo procedente de esqueletos de crustáceos marinos que se fraccionaron y fueron mezclándose con la arena, formando dunas de hasta 300 m de altura. Por aquel entonces, la zona tenía un clima

Vista aérea del desierto de los pináculos en Australia Occidental.

mediterráneo y la lluvia que caía fue disolviendo la calcita de la parte superior de las dunas, la cual se filtró hacia el interior. También empezaron a crecer plantas en la superficie, cuyas raíces rompieron la capa rocosa y penetraron en el suelo, actuando como bombas: tomaban el agua, pero no asimilaban el carbonato cálcico, que se iba acumulando al pie de los arbustos, transformándose con el tiempo en piedra caliza sólida. Cuando las plantas murieron, los bloques rocosos quedaron enterrados bajo la arena.

Según las investigaciones, parece ser que los pináculos emergieron hace 6 000 años, para posteriormente volver a desaparecer cubiertos por las dunas del desierto y de nuevo salir a la superficie hace unos pocos siglos. Este movimiento persiste en la actualidad, con los vientos predominantes del sur descubriendo los monolitos en la parte norte del desierto, pero soterrando los del sur. Con el tiempo, las agujas de piedra caliza serán cubiertas de nuevo por otros desplazamientos de arena, ocultando y mostrando estas formas extrañas y singulares una y otra vez en un proceso cíclico.

ICONO AUSTRALIANO

La costa occidental de Australia fue descubierta por los europeos en el siglo XVII. Concretamente, fueron unos navegantes holandeses que estaban explorando la zona y, al avistar los pináculos, creyeron que se trataba de los restos de una antigua ciudad. En la década de 1960 este desierto pasó a formar parte del parque nacional y actualmente recibe la visita de unos 250 000 turistas al año.

COLUMNA

Declarado parque nacional y área natural protegida por el gobierno egipcio en el año 2002, el desierto blanco alberga una fauna singular, como el halcón pizarroso (*Falco concolor*) o el fénec o zorro del desierto (*Vulpes zerda*). Además, los integrantes del grupo británico Klaxons, reyes del movimiento *new rave* de principios del siglo XXI, eligieron este fantástico lugar para rodar uno de sus videoclips.

Desierto blanco

ESCULTURAS DEL VIENTO

Sahara el Beyda es uno de los desiertos más curiosos del planeta. Su superficie no es totalmente ocre, como cabría esperar, sino que se encuentra salpicada por otra de color blanco. Y sobre ella se yerguen, de manera desordenada, grandes rocas de la misma blancura nívea cuyas caprichosas formas invitan a echar a volar la imaginación. Alargadas, estrelladas, redondeadas, algunas hasta tienen nombre propio, como el Champiñón, el Helado, el Monolito, el Pollo...

Estas deslumbrantes esculturas naturales están compuestas por caliza de Creta, una roca sedimentaria que se usa para fabricar la tiza y que se forma por la acumulación de ingentes cantidades de algas microscópicas. Y es que hace unos 60 millones de años este lugar era

el lecho de un mar poco profundo. Durante los siguientes 30 millones de años, se fueron depositando los mencionados sedimentos, conformando un estrato que alcanzaba los 300 m de profundidad. De hecho, aun hoy en día pueden encontrarse en la zona numerosos yacimientos marinos en las capas de piedra caliza, como fósiles de moluscos, crustáceos, peces o corales.

Mucho después, un periodo glacial hizo retroceder las aguas del océano Atlántico y el mar desapareció. Con el paso de otros cuantos millones de años, se produjo una explosión de vida, con sabanas y bosques verdes que albergaban una gran diversidad de fauna, además de civilizaciones primitivas. Pero el clima fue cambiando, los lagos y ríos se secaron y las plantas murieron. La zona se desertificó y el viento, ayudado del poder erosivo de la arena, fue esculpiendo la roca, desgastando las partes más blandas.

El peculiar desierto está ubicado entre los oasis de Farafra, famoso por sus fuentes termales, y Bahariya. Cuentan que lo atravesó Alejandro Magno tras la toma de Egipto para consultar el oráculo de Amón, que predijo que conquistaría el mundo. También se dice que por él pasó la reina Cleopatra en su camino hacia Siwa, donde se encuentra la conocida como piscina de Cleopatra, una poza natural de agua dulce en la que supuestamente se bañaba la gobernante egipcia. Otra leyenda habla del ejército perdido de Cambises II, cuyos 50 000 hombres desaparecieron sepultados por el infatigable viento de la zona, y los espíritus malignos los transformaron en las mágicas estructuras geológicas que hoy se pueden contemplar.

Círculos de hadas

Aprovechar el agua

Es el desierto del Namib, en Namibia, África, pero podría tratarse de Marte. Sobre la superficie rojiza de los áridos pastizales entre el sur de Angola y el noroeste de la provincia de El Cabo, en Sudáfrica, aparecen millones de círculos de tierra estéril rodeados de vegetación perenne. Los anillos tienen un diámetro de entre 2 y 15 m y están espaciados unos de otros de manera regular. Por si esto fuera poco, a través de las imágenes de los satélites se observa que los círculos forman patrones con formas de hexágonos, como si fueran una colmena de abejas. Estos agujeros surgen de manera relativamente rápida, van creciendo y una vez que han alcanzado su tamaño máximo, pueden durar más de 60 años antes de desparecer.

Dado su enigmático origen, se ha especulado con todo tipo de teorías: que podría tratarse de una invasión alienígena, del impacto de meteoritos, la radiactividad o los gases venenosos. Para los Himba, la tribu nativa de Namibia, fueron creados por llamaradas de fuego exhaladas por un dragón que vive bajo tierra o son las huellas de los dioses. Y los científicos llevan años tratando de encontrar una explicación racional a este fenómeno.

En un principio se pensó que podría tratarse de un hongo debido a su semejanza con los corros de brujas europeos, llamados más poéticamente círculos de hadas, pero esta teoría no tardó en ser descartada. Hoy en día existen dos hipótesis de peso. Por un lado, parece ser que los patrones podrían ser consecuencia de una cierta «organización» o estrategia por parte de las plantas para maximizar su acceso a la poca agua disponible, que se filtra por el interior del círculo y se acumula bajo la superficie, evitando así la evaporación. Por otra parte, debido a que se han descubierto nidos de termitas de arena (*Psammotermes allocerus*) debajo de muchos de los círculos, se cree que podría ocurrir que estos insectos arrasaran con la vegetación sobre sus termiteros para que el suelo sea poroso y se formen depósitos permanentes de agua bajo la superficie, que mantienen la colonia y el pasto circundante.

Probablemente lo que ocurra sea que ambos supuestos sean ciertos; es decir, que los anillos aparecen por una mezcla de la actividad de las raíces de las plantas y la alimentación y competencia entre sí de los nidos de termitas. En definitiva, podría decirse que es el proceso que lleva a cabo la propia naturaleza para asegurar su supervivencia en zonas donde el agua es escasa.

Círculos de hadas en el desierto del Namib.

LAS TERMITAS TIENEN LA CULPA

A más de 10 000 km de Namibia han sido descubiertos recientemente otros «círculos de hadas». Aparecen esparcidos en la región de Pilbara, en la parte oeste de Australia. Pero, a diferencia de los africanos, la superficie donde se forman es seca y dura, casi impenetrable, y dirige el agua a los lugares donde están creciendo las plantas.

73

Estructura Richat, El Ojo del Sáhara, en el oeste de Mauritania.

¿LA ATLÁNTIDA?

Existe la teoría de que la estructura de Richat podría tratarse de la mítica Atlántida, a la que Platón describió como una isla situada más allá de las Columnas de Hércules, con forma redonda y dividida en círculos concéntricos. Y es que, al parecer, no es descabellado pensar que esta formación geológica pudo ser una isla hace 5 000 años, antes de que el Sáhara se convirtiese en un desierto.

El Ojo del Sáhara

UNA CÚPULA DE ROCA

Cuando en 1965 los astronautas de la misión Gemini IV de la NASA fotografiaban la Tierra mientras la orbitaban, no esperaban encontrar, en medio del desierto del Sáhara, un gigantesco círculo con forma de espiral. Posteriormente, el satélite Landsat tomó imágenes adicionales y proporcionó información sobre el tamaño y la altura de la formación, que con sus 50 km de diámetro solo es visible desde el espacio.

Las primeras hipótesis de los científicos atribuyeron este gigantesco círculo, ubicado en Mauritania, a un cráter de impacto, creado cuando un meteorito se estrelló contra la superficie. Sin embargo, posteriores estudios refutaron esa teoría, ya que una colisión de esas proporciones hubiera derretido la roca, y eso no es lo que se observa.

Investigaciones más recientes sugieren que la sorprendente formación, conocida como estructura de Richat u Ojo del Sáhara, tuvo unos orígenes más complejos y totalmente terrestres. Los expertos han concluido que esta enorme maravilla empezó a surgir hace millones de años, cuando el supercontinente Pangea fue desgarrado por la tectónica de placas y las actuales África y América del Sur se empezaron a separar. Entonces, el magma comenzó a empujar hacia la superficie, pero no llegó hasta el final, creando una cúpula de capas de roca (domo anticlinal), como una burbuja o un grano descomunal. Posteriormente, la estructura estalló violentamente, colapsando, y la erosión del viento y el agua hizo el resto, dejando las crestas circulares que vemos hoy.

Los anillos están hechos de diferentes tipos de rocas que se erosionaron a distintas velocidades. En el centro se hallan los materiales más antiguos, originados en el Proterozoico (2 500 - 542 millones de años), mientras que en el exterior los estratos son más jóvenes, y datan del periodo Ordovícico, que comenzó hace aproximadamente unos 485 millones de años y duró hasta hace unos 433 millones de años. En toda la región existen diversos tipos de roca, como calizas y dolomías, cuyos diques anulares están compuestos de basalto, kimberlita y otros materiales de origen volcánico alcalino. Además, bajo su estructura existen importantes depósitos de petróleo y gas natural.

Debido a su tamaño es imposible percibir el Ojo del Sáhara desde el suelo, por lo que, de cara al turismo, se ofrecen paseos en avión o en globo aerostático para obtener una vista panorámica.

Puerta al infierno
GASES EN COMBUSTIÓN

En medio del desierto de Karakum, en Turkmenistán, un pozo de 69 m de ancho y 30 de profundidad lleva ardiendo ininterrumpidamente desde hace cinco décadas. En su interior se alcanzan temperaturas de 1000 °C y los locales lo conocen como «la puerta al infierno». Pero no se trata de un fenómeno natural, sino que ha sido producido por la mano del hombre.

Aunque no hay una explicación oficial, la historia más difundida cuenta que todo comenzó en 1971, cuando un grupo de geólogos de la antigua Unión Soviética estaba realizando prospecciones en la zona que hoy conocemos como Darvaza. Creyeron encontrar una gran reserva de petróleo sobre la que montaron un pesado equipo de extracción. Lo que no sabían es que, en realidad, habían dado con una gigantesca bolsa de gas latente bajo un área cavernosa. Al iniciar las perforaciones y con el propio peso de la maquinaria, se produjo un colapso en el terreno, que se hundió dejando a la vista un gran sumidero. El derrumbe también se tragó toda la maquinaria, aunque, afortunadamente, no hubo víctimas. Entonces el cráter comenzó a expulsar grandes cantidades de gas natural, formado por una mezcla de gases en la que el metano constituye el elemento principal, con un porcentaje superior al 95 %.

Pese a que se ha convertido en una de las grandes atracciones de Turkmenistán, recientemente su presidente ha instado a los expertos a encontrar la manera de extinguir definitivamente el enorme incendio. Afirma que la quema de gas afecta a la salud de la población cercana al cráter y causa daños ecológicos, además de estar echándose a perder una fuente de gas natural, un recurso valioso.

Cuando los geólogos se dieron cuenta de su error, para evitar la propagación del perjudicial gas por la atmósfera, decidieron quemarlo, pensando que el fuego se extinguiría, cuando el yacimiento se consumiera. Pero subestimaron las dimensiones de la caverna y su inflamable contenido, ya que actualmente sigue ardiendo.

Otras teorías apuntan a que el enorme cráter de Darvaza se formó en la década de 1960 y no empezó a arder hasta 1980. O a que pudo producirse de forma accidental debido a la caída de un rayo. Incluso una hipótesis señala que se pudo haber aplicado una técnica, común en la extracción de gas natural, en la que los excedentes son quemados intencionadamente por motivos económicos y de seguridad. El hecho es que no existe ningún registro de lo que ocurrió realmente.

En 2013, el primer ser humano consiguió descender a la puerta al infierno, ataviado con un traje especial y equipo de respiración, y descubrió formas de vida microbianas que consiguen sobrevivir en extremas condiciones de calor. Esto abre la posibilidad de que exista vida en otras partes del universo.

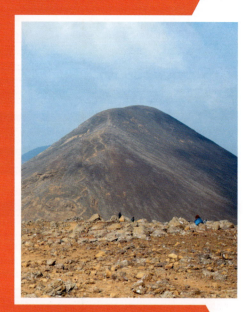

Volcán Fagradalsfjall, Islandia.

FUENTE DE VIDA

Cuando no está en erupción, los alrededores de un volcán son un vergel. Los suelos volcánicos son porosos, ricos en agua y nutrientes, y muy fértiles. Esto es debido a los espesos depósitos de piroclastos que, cuando se erosionan y fragmentan, liberan nutrientes. También es frecuente que la deformación de las rocas en torno a los volcanes cree puertos naturales y valles fáciles de defender.

Volcán

CHIMENEA DE MAGMA

Pocos fenómenos naturales han tenido una influencia tan profunda en la historia de la humanidad como los volcanes. Hace unos 74 000 años, la erupción del monte Toba en Indonesia al parecer estuvo a punto de acabar con las poblaciones homínidas en un acontecimiento de proporciones colosales. Liberó la energía de un millón de toneladas de explosivos, eyectando a la atmósfera unos 800 km³ de cenizas y dejando un cráter de 100 km de largo y 30 de ancho. Debido a ello, la temperatura en todo el planeta disminuyó entre tres y cinco grados, y el verano tardó seis años en llegar. Otras erupciones famosas fueron la del Vesubio, en el año 79 a. C., o el Tambora (en 1815) y Krakatoa (en 1886), también en Indonesia, que modificaron en mayor o menor medida el clima y causaron grandes daños.

Desde sus orígenes, la Tierra está en constante movimiento debido a las placas tectónicas (fragmentos de la corteza terrestre superficial que se desplazan como bloques rígidos). Los volcanes suelen formarse en las fronteras de dichas placas, aunque también pueden hacerlo en los llamados puntos calientes, que son conductos que comunican la superficie con las profundidades de nuestro planeta y en los cuales ocurre un movimiento vertical del magma.

En ambos casos, el ardiente magma sube a la parte superior de la corteza terrestre, de donde emerge por fisuras y por su cráter principal en forma de erupción. Así, en la cámara magmática de un volcán se acumula la roca fundida, que asciende por un conducto o chimenea hasta la abertura o cráter; alrededor del mismo, en la superficie, se acumulan los materiales expulsados, que van formando el cono volcánico principal.

Según su morfología, existen varios tipos de volcán. Los llamados conos de escoria son pequeños y poseen un solo conducto de salida. Los volcanes en escudo, mucho más anchos que altos, están formados por la acumulación de lava fluida. Y, por último, los estratovolcanes, cónicos, de gran altura y compuestos por varias capas de lava solidificada, piroclastos y cenizas volcánicas. También hay distintas clases de erupciones: hawaianas (lava muy fluida que abarca gran extensión), estrombolianas (pequeñas explosiones esporádicas), vulcanianas (fuertes expulsiones que pulverizan la lava produciendo muchas cenizas), plinianas (las más espectaculares y violentas debido a su alto contenido en gases) y peleanas (también son muy violentas y producen nubes muy densas que descienden por las laderas del volcán).

Erupción del volcán Fagradalsfjall en Islandia.

Lava azul

Ríos de gas licuado

Existen muchos volcanes asombrosos en el mundo, pero seguramente el Ijen de la isla de Java, en Indonesia, se lleva la palma. De día podría asemejarse a cualquier otro, pero al caer la noche sus laderas refulgen cubiertas por una miríada de llamas azules de hasta cinco metros de altura, que parecen danzar como tenues fantasmas. El motivo es que este volcán alberga en su interior el mayor depósito de azufre que se conoce.

Un elevado porcentaje de este elemento químico emerge en estado líquido y desciende creando ríos rojizos que en contacto con la atmósfera se solidifican y cristalizan rápidamente, originando bloques de un intenso tono amarillo; otra parte es eyectada por cualquier vía de escape (una grieta o fumarola) en estado gaseoso a una gran presión y elevadísima temperatura, en ocasiones superior a los 600 ºC, lo que provoca el resplandor añil. Y es que, al contacto con el oxígeno, los gases de azufre arden, pero poco después se produce un descenso drástico de su temperatura que hace que dicho gas se licúe formando pequeños ríos de fuegos azules. Estos van a parar a un lago humeante y caliente de más de un kilómetro de diámetro en el interior del cráter.

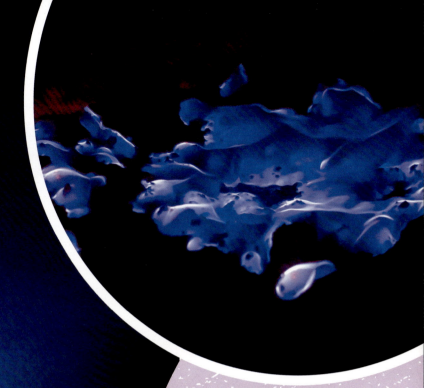

Llamas de azufre azul, volcán Kawah Ijen, Java Oriental.

El increíble color turquesa de su agua es el resultado de una extrema acidez y alta concentración de metales disueltos, conteniendo 36 millones de metros cúbicos de ácido sulfúrico y clorhídrico, con un pH semejante al del líquido de una batería de coche y capaz de disolver ropa o metal.

Indonesia se asienta sobre el llamado Anillo de Fuego del Pacífico, un área de gran actividad sísmica y volcánica. Durante el Pleistoceno, en la parte oriental de la isla de Java se formó un gran estratovolcán (estructura volcánica compuesta por capas intercaladas de depósitos de lava y fragmentos de roca), conocido como el «Viejo Ijen». Durante miles de años y repetidas erupciones, creció hasta unos 3 500 m de altura. Posteriormente, una violenta explosión formó la caldera sobre la que se asienta el actual volcán y lago, además de otros muchos pequeños volcanes. La meteorización que se ha ido produciendo desde entonces ha convertido los depósitos piroclásticos en suelos ricos y fértiles que actualmente sostienen plantaciones de un café extraordinario.

ÁGUILA AZOR DE JAVA

El área del cráter es el hábitat del águila azor de Java, *Nisaetus bartelsi*, una curiosa especie endémica de la isla que fue nombrada en 1993 ave nacional de Indonesia. Conocida localmente como Garuda, forma parte del escudo del país. Esta curiosa rapaz crestada se encuentra en peligro de extinción por la pérdida de su territorio debido a la conversión de los bosques en tierras de cultivo y al uso intensivo de pesticidas.

Otra de las peculiaridades de Ijen es que es uno de los pocos lugares donde todavía se obtiene azufre de forma artesanal. Este método de extracción manual, habitual en volcanes de Chile, Italia o Nueva Zelanda, desapareció a finales del siglo XIX. Y aunque existen algunas minas volcánicas en los Andes, todas han sido modernizadas, ya que hoy en día la mayor parte se produce mediante la refinación de petróleo y el procesamiento de gas natural. Sin embargo, en esta zona de Java Oriental todavía hay mineros que recogen con sus manos azufre solidificado.

Unos 200 hombres trabajan en las orillas del lago, rompiendo los afloramientos de azufre con barras de hierro y acarreando en cestas los pesados bloques hasta la cima para, posteriormente, llevarlos a la oficina de la empresa que explota la mina. Extraen 14 toneladas por día, aproximadamente el 20 % de lo que se acumula. A unos metros del lago se encuentran unas tuberías de cerámica que se adentran en las grietas del volcán, donde se condensan en azufre fundido los gases sulfúricos. Al pie de dichas tuberías los mineros arrancan trozos de mineral, pendientes de la dirección del viento y controlando de reojo la nube tóxica que envenena el aire. Lo hacen sin ningún tipo de mecanización ni protección. La empresa les paga según el peso del azufre entregado y las cantidades son irrisorias si se comparan con el precio al que luego se vende en el mercado. Para los trabajadores es un sueldo aceptable considerando el coste de la vida en la zona, pero a la larga tiene sus consecuencias, ya que tras años bregando en la mina la salud se ve gravemente dañada: problemas respiratorios, artrosis, lesiones de espalda e irritación en los ojos y la garganta.

Volcanes de barro

Señales de yacimientos

Pese a su nombre, en realidad no están relacionados con las verdaderas formaciones volcánicas, sino con los yacimientos petrolíferos y las bolsas de gas que se encuentran en el subsuelo. Pero, al igual que los volcanes magmáticos, sí pueden entrar en erupción poderosamente, lanzando llamas a grandes alturas.

Se han identificado aproximadamente 1100 volcanes de barro en tierra y aguas poco profundas, pero se estima que pueden existir más de 10 000 en los fondos marinos tanto en taludes continentales como en las llanuras abisales.

Aparecen en lugares donde se combinan aguas termales subterráneas con sedimentos minerales, formando así el lodo, y en los que, además, hay depósitos de hidrocarburos. Con el paso del tiempo, el barro se va compactando, mientras que en el interior de la Tierra se generan continuamente gases, principalmente metano, debido a la descomposición de la materia orgánica. Esto va creando una presión que empuja hacia la superficie hasta encontrar una fractura o alguna zona de debilidad para escapar. Entonces, entra en erupción arrojando grandes cantidades de lodo y gases por distintas bocas de diferentes tamaños. En ocasiones lo hace con mucha violencia, pero otras, simplemente, forma lagunas burbujeantes

Volcanes de barro en el desierto de Gobustan, Azerbaiyán.

en las que los gases escapan lentamente hacia la superficie. La mayoría de las formaciones resultantes son pequeñas, de un metro o menos, aunque algunas superan los 100 m.

Junto al fango expulsan agua, dióxido de carbono, petróleo y, sobre todo, metano. Estos dos últimos son los responsables de que, durante las erupciones, pueda producirse una combustión espontánea al entrar en contacto los hidrocarburos a presión con el aire.

Existe un gran interés por estos volcanes, pues son indicadores directos de yacimientos de petróleo y gas natural a grandes profundidades. Azerbaiyán es conocido como la tierra del fuego debido a sus abundantes reservas de hidrocarburos, que han dado origen a unos 300 volcanes de barro, además de la colina de Yanar Dag, donde el fuego arde continuamente. Sin embargo, no todos los volcanes de lodo tienen un origen natural. En 2006, Indonesia sufrió una erupción que acabó con la vida de 13 personas y engulló 12 aldeas. Al parecer, una compañía petrolífera taladró erróneamente un acuífero y el agua, en su salida, fracturó la roca arrastrando a su paso el lodo y el gas.

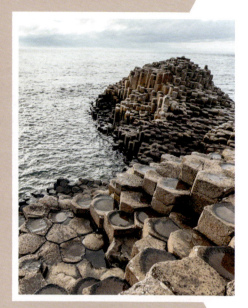

Formación de rocas de lava única en el condado de Antrim, Irlanda del Norte, Gran Bretaña.

PATRIMONIO DE LA HUMANIDAD

La Calzada de los Gigantes fue nombrada Patrimonio de la Humanidad por la Unesco en 1986 y, un año después, Reserva Natural Nacional. Su costa es un paraíso para aves marinas, como el cormorán moñudo (*Gulosus aristotelis*) o el petrel (*Procellariidae*), y en sus paredes viven curiosas plantas, entre ellas, el helecho marino (*Asplenium marinum*) y la orquídea rana (*Coeloglossum viride*).

Calzada de los Gigantes

TODO POR UN ENFRIAMIENTO

Cuenta una leyenda celta que la costa norte de Irlanda fue una vez el hogar de un gigante llamado Finn McCool. Su enemigo acérrimo era otro grandullón, Benandonner, que vivía en las playas de Escocia, al otro lado del mar, por lo que nunca habían podido medir sus fuerzas frente a frente. Pero un día Finn decidió construir una pasarela para plantar cara a su oponente, arrancando rocas de la costa y lanzándolas a las aguas hasta llegar a su objetivo. Sin embargo, una vez allí, se dio cuenta de que Benandonner era realmente enorme. Rápidamente volvió sobre sus pasos y, al llegar a casa, a su esposa se le ocurrió disfrazarlo de bebé para esconderlo. Cuando llegó el otro gigantón y vio al supuesto niño, pensó que el padre debía ser todavía mucho más grande. Aterrorizado, salió a toda prisa hacia Escocia, destrozando con un mazo el camino de piedras construido por Finn y que, desde entonces, sería conocido como la Calzada de los Gigantes.

Las cerca de 40 000 columnas de basalto que integran esta singularidad geológica de fantástica apariencia descienden escalonadamente hasta el agua. Las baldosas poligonales de este sendero pétreo miden 38 y 51 cm de diámetro y hasta 25 m de profundidad a lo largo de más de 6 km de costa.

Hay que remontarse a hace unos 50 o 60 millones de años para encontrar su verdadero origen, cuando el norte de la isla era una región volcánica. De las entrañas de la Tierra surgió una gran lengua de ardiente magma que descendió hacia el mar. De pronto, aquella erupción cesó y la lava se enfrió muy rápidamente. Ese cambio brusco de temperatura formó los pilares basálticos y provocó que se produjeran fracturas en ellos, originando unos prismas que parecen tallados por la mano del hombre.

La explicación de las asombrosamente perfectas formas geométricas fue objeto de debate entre los científicos. Recientemente se ha demostrado, mediante ensayos en laboratorio, que estos hexágonos aparecen cuando la lava se enfría a una temperatura unos 100 °C inferior a la de la cristalización de la roca, que es de 980 °C.

Sin embargo, no se trata de un paisaje único en el mundo. Existen formaciones similares en la isla de La Gomera (España), en la Costa negra de Vik (Islandia) o en el cañón de Takachiho (Japón).

Huevos de dragón
ESFERAS DE LODO DEL PALEOCENO

Huevos de dragón, costa de Otago, Isla Sur, Nueva Zelanda.

Si los dragones existieran, seguramente sus huevos serían parecidos a las gigantescas rocas que se ven en la playa neozelandesa de Koekohe, entre las localidades de Moerkai y Hampden. Alrededor de 50 extrañas esferas, algunas de más de dos metros y hasta siete toneladas de peso, se sitúan sobre su arena proporcionando al entorno un aspecto enigmático. Estas formaciones han intrigado a expertos y profanos durante siglos. Los maoríes las llaman *Te Kai Hinaki*, lo que significa «olla de anguilas», y también se las conoce como «cerebro de alien», «canicas de gigantes» o el «Stonehenge de Nueva Zelanda», mientras que los balleneros bautizaron al lugar con el nombre de la «fragua de Vulcano». Una leyenda local cuenta que hace mucho tiempo el antiguo pueblo Kāhui Tipua realizó una expedición en canoa a la mítica tierra de Hawaiiki. Durante el viaje de regreso, una fuerte tormenta les hizo naufragar. Antes de hundirse, para aligerar peso, los navegantes lanzaron por la borda las cestas y calabazas llenas de agua y comida que transportaban, y que posteriormente fueron arrastradas a la orilla, donde se petrificaron, mientras que el casco de la embarcación se convirtió en el actual arrecife. Un cuento maravilloso para dejar volar la imaginación al contemplar este litoral.

En realidad, se trata de un fenómeno natural que tiene explicación científica. Las esferas nacieron durante el Paleoceno, y lo hicieron a partir de una capa de lodo endurecido en el fondo de un mar que emergió hace unos 15 millones de años. Cada una de dichas esferas se fue configurando en torno a un núcleo central constituido por restos de animales marinos, alrededor del cual se fueron acumulando sedimentos. Por su parte, los espacios vacíos entre los granos individuales se fueron rellenando con minerales que actuaron como el cemento, y así fueron creciendo uniformemente en todas las direcciones, del mismo modo que lo hace una perla en su ostra. Con el paso del tiempo, tal vez por compresión, aparecieron grietas en su interior, que a su vez se llenaron con cristalizaciones posteriores, lo que les confiere el aspecto de encontrarse recubiertas de escamas o septos debido a lo que en geología se conoce como concreciones septarias. Este proceso de formación hace que sean extremadamente resistentes.

Sin embargo, las esferas no han estado siempre en la playa. Proceden de los acantilados, de donde se desprendieron cuando la fuerza erosiva de las olas desgastó los materiales que las sujetaban y, posteriormente, las ayudó a llegar a la orilla. Hoy los huevos de dragón reposan a orillas del Pacífico resistiendo los embates del mar y el viento.

RESERVA CIENTÍFICA

Desde el siglo XIX muchos huevos de dragón han desaparecido a manos de turistas, que se los llevaban como *souvenirs*, o de locales que los utilizaban para decorar los jardines. Otros fueron dañados por la costumbre de algunas personas de realizar inscripciones sobre su superficie. Todo ello alertó al gobierno neozelandés, que protegió legalmente la playa nombrándola reserva científica.

Piedras navegantes

POR CULPA DEL HIELO

Piedras navegantes, desierto del Parque Nacional del Valle de la Muerte, California.

MOVIMIENTO IMPERCEPTIBLE

Las piedras navegantes se desplazan entre 2 y 5 m por minuto, una velocidad casi imperceptible visualmente a distancia y sin puntos de referencia fijos. Su trayectoria está determinada por la dirección del viento, y las rocas que tienen la parte inferior áspera dibujan recorridos rectilíneos, mientras que las más suaves, tienden a desviarse o hacer zigzags.

Uno de los grandes misterios de las últimas décadas tiene como escenario el Parque Nacional del Valle de la Muerte, en California. Allí se ubica el lago seco Racetrack Playa, una llanura de unos 5 km de largo por 3 km de ancho, cuyo lecho seco alberga numerosas piedras de distinto tamaño. Lo asombroso es que muchas de ellas muestran un rastro que han dejado tras de sí al desplazarse, a veces en línea recta y otras en zigzag, avanzando varios metros sin ningún tipo de intervención humana ni animal.

Nadie había visto nunca cómo se trasladaban, por lo que desde que este enigma fue descubierto, a finales del siglo XIX, las especulaciones y teorías sobre su movimiento han sido múltiples. Algunos lo atribuían a fuerzas telúricas; otros, a terremotos, a fenómenos paranormales e, incluso, a la intervención alienígena.

Uno de los primeros estudios científicos sobre la cuestión fue publicado en 1948 y sugería que la causa del movimiento podían ser los remolinos de arena. En 1968, dos geólogos monitorizaron una treintena de piedras a lo largo de siete años, tras los que plantearon la hipótesis de que la peregrinación se debía a la existencia de vientos huracanados, aunque no resultó muy plausible.

Hay que tener en cuenta que el Valle de la Muerte, como su propio nombre indica, no es un lugar precisamente acogedor para permanecer en él durante el tiempo suficiente como para realizar las observaciones pertinentes. Por ese motivo, no sería hasta 2011 cuando, gracias al avance de la tecnología, se pudieron instalar sobre algunas de las rocas unos GPS que se activan con el movimiento y poseen cámaras *time-lapse*. Dos años después, los científicos regresaron y la fortuna quiso que sus cámaras desvelasen el secreto al registrar, por primera vez, el movimiento de las piedras.

Al parecer, cuando llueve, se forma una lámina de agua sobre el lecho, que se congela por la noche con la caída en picado de las temperaturas, creando una delgada capa de hielo que atrapa a las rocas. Con el calor del sol diurno, dicho hielo comienza a derretirse y se quiebra, dando lugar a placas flotantes que, impulsadas por un viento suave, empujan a las rocas, desplazándolas. Las huellas de su movimiento quedan reflejadas en el blando fango del fondo, y cuando el lago vuelve a secarse, el barro se endurece y los rastros se mantienen grabados hasta las siguientes lluvias.

Flysch

DE UN CHOQUE DE PLACAS

Espectacular formación rocosa del mar Cantábrico en Zumaia, Euskadi, España.

GEOPARQUE

El flysch de Zumaia se ha convertido en un referente mundial para científicos e investigadores. Forma parte de la Red Europea y Global de Geoparques, tutelada por la Unesco con objeto de preservar el patrimonio natural. Además, la Comisión Internacional de Estratigrafía lo declaró referente internacional de la historia de la Tierra y la costa entre Deba y Zumaia es un biotopo litoral protegido.

Durante el periodo Cretácico, hace más de 100 millones de años, nuestro planeta era muy diferente a como hoy lo conocemos. Los continentes se separaban, el clima era notablemente más cálido, los dinosaurios dominaban en tierra firme y los amonites, en los mares. En aquel entonces la actual península ibérica se encontraba separada de Europa por un mar que comunicaba el antiguo océano de Tetis con el incipiente Atlántico Norte. El área que hoy conocemos como los Pirineos y la costa vasca estaba sumergida en esas profundas aguas, bajo las que fueron depositándose fósiles calcáreos, como restos de conchas y otros microorganismos.

Tras la probable caída de un gran meteorito hace unos 65 millones de años, los dinosaurios se extinguieron y comenzó un nuevo periodo, el Paleógeno. Durante el mismo, el clima fue cambiando paulatinamente con la disminución de la temperatura. Las condiciones se endurecieron y hubo épocas de fuertes lluvias que erosionaron la tierra continental depositando bajo el mar, sobre los residuos calcáreos anteriores, nuevos estratos de sedimentos, como arcillas, arenas o gravas.

Hace aproximadamente 40 millones de años las placas de Iberia y Europa colisionaron, dando lugar a las grandes cadenas montañosas, como los Pirineos, los Alpes o el Himalaya. Pero también levantaron los materiales sedimentados en el fondo del mar originando, entre otras formaciones geológicas, el flysch de Zumaia. Todo este proceso es capaz de leerlo un experto entre las «hojas» de piedra de dicha estructura rocosa, ya que ofrecen información sobre los cambios, tanto biológicos como geológicos y climáticos, que han tenido lugar en la Tierra durante 100 millones de años.

En esta maravilla pétrea del litoral de Guipúzcoa se suceden estratos rocosos con capas duras y capas blandas que reflejan las variaciones producidas tanto en el clima como en el nivel del mar. Cada una de ellas tardó unos 10 000 años en formarse. Pero lo que hace realmente único este lugar es que guarda la llave de dos grandes acontecimientos. Por un lado, marca el límite entre el Cretácico y el Terciario, también conocido como capa de iridio, que está relacionado con la gran extinción producida por el meteorito, hipótesis que respalda la ausencia de fósiles en la siguiente capa. Por otro, señala también el límite entre el Paleoceno y el Eoceno, que registra el último gran calentamiento ocurrido hace 56 millones de años.

Montaña Arcoíris

ARCILLAS Y MINERALES

Como si un arcoíris se hubiera materializado en un remoto pliegue de los Andes peruanos, Vinicunca luce un hermoso estampado con franjas de intensos colores. Es un paisaje único que se eleva a más de 5 000 m de altura, regalando a la vista tonos turquesas, verdes, dorados, rojizos, rosados, morados y azules con sus matices. Todo ello en un escenario de cimas imponentes y lagos glaciares.

Su nombre proviene del topónimo quechua *winicunca*, que significa «colina de cuello angosto», aunque es más conocida como Montaña de los Siete Colores o Arcoíris. Su origen es fruto de una compleja historia geológica protagonizada por sedimentos marinos, lacustres y fluviales que datan de hace unos 65 millones de años y se fueron depositando en capas con distintos minerales y tamaños de grano. Algunos millones de años después, los movimientos de las placas tectónicas iniciaron el levantamiento de los mencionados sedimentos estratificados, formando las montañas. Poco a poco, Vinicunca fue adquiriendo esos colores tan llamativos a causa de la oxidación de sus minerales, ejercida por la humedad de la zona, y de la erosión producida por los glaciares.

Montaña Arcoíris o Vinicunca en Cusco, Perú.

Así, el color rosado se debe a una mezcla de arcilla roja, fango y arena. El rojo está producido por argilitas y otras arcillas presentes. El blanco, por piedra arenisca y caliza. Las tonalidades moradas han sido formadas por una mezcla de arcilla, carbonato de calcio y silicatos. Los tonos verdes son a causa de las arcillas ricas en ferro magnesiano y óxido de cobre, mientras que los pardos, mostaza y dorados los produce la limonita.

Al parecer, la Montaña Arcoíris estuvo cubierta de hielo, al menos parcialmente, y recibía nieve temporal hasta comienzos de los años noventa. A partir de entonces, debido al calentamiento global, los neveros se fueron derritiendo dejando al descubierto el espectáculo visual de sus colores. Desde que en 1996 una foto de este paraje se viralizara en las redes sociales, su popularidad ha crecido desmesuradamente, convirtiéndose en un destino imprescindible para muchos turistas. Esto ha creado trabajo y favorecido la economía de la zona en detrimento de la conservación del entorno. Cada día visitan el cerro alrededor de 1000 personas, lo que supone un notable impacto ambiental. Además, un humedal que era refugio de aves migratorias fue rellenado para crear un aparcamiento.

Árbol arcoíris

DE CORTEZA RENOVADA

Eucaliptos arcoíris
(*Eucalyptus deglupta*),
Hawái, Estados Unidos.

EUCALIPTOS SEDIENTOS

Existen 600 especies de eucalipto y todas necesitan grandes cantidades de agua (hasta 30 litros por día) para sobrevivir. Por ese motivo algunas de ellas fueron introducidas en Europa en los siglos XVIII y XIX con el fin de desecar terrenos pantanosos y así reducir la proliferación del mosquito *Anopheles*, transmisor de enfermedades como el paludismo y la malaria. Sin embargo, esto ha tenido su parte negativa, ya que favorece los incendios e impide que crezca vegetación bajo ellos.

Como se suele decir, la realidad supera la ficción, y los prodigios de la naturaleza pueden ir más allá de nuestra imaginación. El *Eucalyptus deglupta*, también conocido como eucalipto arcoíris, kamarere o gomero Mindanao, es un ejemplo de ello. Una auténtica obra de arte viviente que ostenta el título de tener el tronco más colorido del mundo.

El secreto de esta gama de tonos se debe a su finísima corteza, de unos tres milímetros, que se va desprendiendo a lo largo del año de forma irregular. A medida que las capas se van separando, dejan a la vista la nueva y fresca corteza que, según vaya envejeciendo, irá cambiando de tono: el verde amarillento inicial se irá oscureciendo, tornándose azul, púrpura, rosa, naranja y granate. Por último, el color se convertirá en un marrón parduzco justo antes de que ocurra la nueva exfoliación. Debido a que este proceso sucede en diferentes zonas del tronco y en distintas etapas, los colores son variados y están constantemente cambiando, lo que produce una delicia visual.

Originario del sur de Filipinas, Nueva Guinea e Indonesia, tiene un crecimiento muy rápido (unos 3 m de altura y 3 cm de diámetro anuales durante los diez primeros años de vida). En su madurez puede superar los 70 m de alto y 1 m de diámetro a la altura del pecho, lo que lo convierte en un árbol de tamaño extraordinario. Prospera en zonas con una precipitación anual muy alta, pero no soporta inundaciones prolongadas ni heladas y, al tener la corteza tan fina, es muy sensible a los incendios. También necesita mucha luz para desarrollarse, por lo que las congregaciones más densas suelen encontrarse a lo largo de ríos o en lugares despejados.

Generalmente florece a partir del segundo o tercer año y luego lo hace anualmente. Incluso en zonas propicias, como Indonesia, luce a lo largo de todo el año sus flores color crema. Las semillas son aladas, hecho que posibilita su dispersión por el aire, aunque normalmente caen sobre arroyos o zonas inundadas y son diseminadas por el agua.

El eucalipto arcoíris es una de las principales maderas de exportación en las regiones de donde es originario. Con él se construyen principalmente muebles, molduras y botes, y su pulpa es empleada en la elaboración de papel. También es muy aprovechado como árbol ornamental debido a su belleza. Esto ha motivado su introducción en países como Brasil, Costa Rica, Cuba, Honduras, Puerto Rico, Costa de Marfil, Malasia, Taiwán o China.

Cenote de Ik-Kil. Yucatán, México.

FUENTE DE VIDA PARA LOS MAYAS

La historia de la civilización maya está ligada a los cenotes. Sus antiguas ciudades se establecieron cerca de ellos, ya que constituían su único suministro de agua potable. También era el lugar donde realizaban ceremonias religiosas, depositando ofrendas de oro y jade. Hoy en día muchos de ellos presentan una importante contaminación y en sus aguas se ha hallado basura de todo tipo.

Cenotes

CUANDO SE DISUELVE LA CALIZA

Todo empezó hace unos 65 millones de años, cuando un meteorito cayó en la península de Yucatán, causando la desaparición del 75 % de la vida en nuestro planeta. El tremendo impacto creó profundas depresiones subterráneas que se inundaron, cambiando para siempre el flujo del agua bajo tierra y facilitando la formación de estos depósitos de agua, cuyo color oscila entre el esmeralda y el azul intenso.

A partir de ahí, en un proceso sumamente lento y tenaz de cientos de miles de años, los elementos naturales han ido esculpiendo los profundos pozos. Se originan en suelos de roca caliza, que se disuelve con facilidad en aguas que contienen dióxido de carbono. Y la lluvia incorpora este gas al entrar en contacto con el aire y los restos vegetales descompuestos. Al filtrarse, se produce una reacción química que va disolviendo las rocas.

El agua penetra hacia el subsuelo hasta encontrar una barrera que la frene y se acumula en cavidades formando acuíferos y ríos subterráneos. El siguiente paso se produce cuando el techo se desploma, creando aberturas que comunican con el exterior. Así, de acuerdo a su forma y edad se clasifican en cenotes cerrados, semiabiertos o abiertos. Los más jóvenes mantienen su cúpula, mientras que los más viejos están descubiertos.

Curiosamente, en zonas próximas a la costa el agua de mar puede penetrar en dichos acuíferos. Cuando esto ocurre, las diferentes densidades hacen que el agua dulce forme una capa por encima del agua salada, sin mezclarse. En ellos, la capa marina profunda no siempre se encuentra estancada, sino que puede circular impulsada por las mareas y tormentas a través de túneles conectados con el mar.

Estos fenómenos geológicos contienen su propio ecosistema, que constituye todo un oasis de vida. Dentro y alrededor de ellos viven peces, anfibios, crustáceos, reptiles, insectos, y anidan algunas aves. Además, crecen helechos, musgos y plantas trepadoras, que forman bellos jardines colgantes. En su interior, donde reina la calma y el silencio, se pueden apreciar asombrosas formas geológicas y raíces de enormes árboles.

Aunque el origen de la palabra cenote procede de la cultura maya (se calcula que la península de Yucatán reúne más de 7000 de ellos), actualmente el término se emplea para designar cualquier espacio subterráneo con agua que contenga una ventana hacia el exterior. Se pueden encontrar pozos semejantes a los mexicanos en Cuba, Australia Canadá, República Dominicana, Estados Unidos, Zimbabue o España.

Dolinas

TODO POR LA LLUVIA

De vez en cuando nos sorprende una noticia sobre grandes agujeros que se abren repentinamente en el suelo y pueden afectar a terrenos urbanizados, como carreteras o ciudades, llegando incluso a tragarse coches o dejar casas en estado ruinoso. Este fenómeno se conoce como dolinas y puede dar lugar a imponentes paisajes de gran belleza en el medio natural.

El término dolina procede del esloveno, en el que significa «valle» o «depresión». Por definición es eso, una importante depresión geológica cerrada que aparece en terrenos con relieve kárstico (aquellos que han sido originados por la desintegración y descomposición de ciertas rocas solubles en agua, como calizas o dolomías). De contorno circular, su estructura puede variar entre la de un embudo, con paredes de fuerte pendiente, o una artesa de fondo plano. En ambos casos, la base está constituida por rocas insolubles. El tamaño de los pozos también oscila entre unos pocos metros de diámetro hasta más de un kilómetro, con cientos de metros de profundidad.

Estos sumideros comienzan a formarse cuando el agua de lluvia se mezcla con el dióxido de carbono presente en la atmósfera, volviéndose ligeramente ácida, por lo que al interactuar con la roca caliza crea bicarbonato cálcico, un compuesto muy soluble. A partir de ahí, cuando las aguas superficiales y subterráneas penetran en las grietas de las rocas, las disuelven poco a poco formando galerías y cuevas.

Existen tres tipos principales de dolinas. Unas, llamadas naturales o de solución, aparecen en zonas donde la caliza está expuesta en la superficie de un suelo prácticamente desprovisto de vegetación, lo que facilita que el agua vaya disolviendo la roca para finalmente formar pozos; generalmente son pequeñas y de desarrollo lento. Las que se consideran de tipo cubierta tienden a desarrollarse gradualmente donde los sedimentos de cobertura son permeables y contienen arena. En general, son pequeñas y muy poco frecuentes en áreas donde el material es más grueso o los sedimentos contienen más arcilla. Por último, están las llamadas de hundimiento o colapso, seguramente las más conocidas. Son muy peligrosas, ya que pueden desarrollarse súbitamente en un periodo de pocas horas y causar daños catastróficos. Se forman en zonas con un lecho rocoso de piedra caliza y sedimentos arcillosos, bajo los cuales aparece una cavidad formada por el agua, que se hará más y más grande hasta que sea incapaz de soportar el peso de la parte superior, tras lo cual colapsará.

Lago Rojo es una dolina de colapso que contiene un lago karst cerca de Imotski, Croacia.

BAJO EL MAR

También existen dolinas submarinas, algunas de las cuales incluso pueden visitarse turísticamente. Se las conoce como «agujeros azules», son verticales y pueden alcanzar una profundidad de más de 300 m, como es el caso del Agujero del Dragón, descubierto en 2016 en el mar del Sur de China. Las zonas más superficiales de estos sumideros cuentan con una gran variedad de fauna marina.

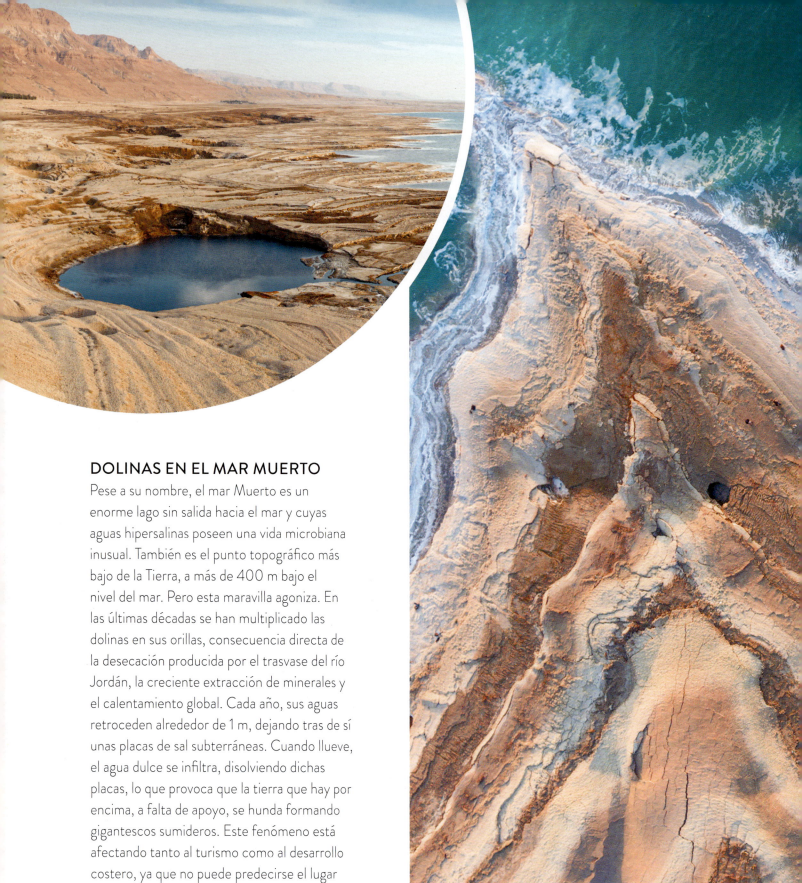

DOLINAS EN EL MAR MUERTO

Pese a su nombre, el mar Muerto es un enorme lago sin salida hacia el mar y cuyas aguas hipersalinas poseen una vida microbiana inusual. También es el punto topográfico más bajo de la Tierra, a más de 400 m bajo el nivel del mar. Pero esta maravilla agoniza. En las últimas décadas se han multiplicado las dolinas en sus orillas, consecuencia directa de la desecación producida por el trasvase del río Jordán, la creciente extracción de minerales y el calentamiento global. Cada año, sus aguas retroceden alrededor de 1 m, dejando tras de sí unas placas de sal subterráneas. Cuando llueve, el agua dulce se infiltra, disolviendo dichas placas, lo que provoca que la tierra que hay por encima, a falta de apoyo, se hunda formando gigantescos sumideros. Este fenómeno está afectando tanto al turismo como al desarrollo costero, ya que no puede predecirse el lugar donde colapsará la siguiente dolina, que podría engullir edificios, carreteras o personas.

Dolina en el mar Muerto.

Cuevas de Waitomo

LARVAS DE MOSQUITO LUMINOSAS

Cueva de Ruakuri,
Waitomo, Nueva Zelanda.

Bajo las verdes colinas ganaderas de Waitomo, en Nueva Zelanda, se esconde un laberinto de cuevas, simas y ríos subterráneos tallados a lo largo de miles de años por la fuerza del agua sobre la piedra caliza. De hecho, su nombre procede de las palabras maoríes *wai*, que significa «agua», y *tomo*, que quiere decir «hoyo».

Pero estas cuevas poseen una característica muy singular que las hace casi mágicas. En su interior, donde reinan la oscuridad y el silencio, sorprenden miles de destellos azules, semejantes a la Vía Láctea, que cuelgan del techo. Estos efectos especiales son producidos por unos pequeños seres bioluminiscentes, en concreto, la fase juvenil del mosquito *Arachnocampa luminosa*, una especie autóctona. Fue descrito por primera vez en el siglo XIX, cuando se descubrió en una mina de oro. En aquel momento creyeron que se trataba de algún tipo de luciérnaga, pero años después se demostró que era una larva de mosquito, aunque ambos insectos emiten luz debido al mismo sistema: la oxidación de la luciferina en contacto con la luciferasa.

Cada hembra de *Arachnocampa luminosa* deposita más de 100 huevos en el techo de la cueva. Nada más eclosionar, los recién nacidos comienzan a brillar con fuerza y empiezan a construir un nido de seda, del que después cuelgan hasta 30 hilos verticales, también de seda, salpicados de pequeñas gotas de una sustancia pegajosa. El sistema es semejante al de las telarañas y el objetivo es el mismo: atrapar presas.

Las larvas del mosquito son exclusivamente depredadoras y esta fase juvenil es la más larga de su vida, pudiendo durar de nueve meses a un año, dependiendo de la temperatura, humedad o disponibilidad de alimento. El brillo azulado que emiten desde el final de su abdomen atrae a las víctimas, generalmente pequeños insectos voladores que quedan pegados en las sedas colgantes y son ingeridos vivos. Cuando la larva ha completado su crecimiento, permanece suspendida de un hilo largo y comienza la metamorfosis. Durante ese tiempo, la pupa sigue brillando, sobre todo las hembras, y también lo harán, intermitentemente, los adultos. Estos viven apenas unos días y no se alimentan, por lo que se desconoce el motivo de que en esta fase desprendan luz. Se especula con que podría ser para encontrar pareja o, simplemente, porque la metamorfosis no altera la parte de su organismo responsable de la bioluminiscencia.

UN MOSQUITO TIENE LA CULPA

Cuando las larvas de *Arachnocampa luminosa* están hambrientas, su brillo es mucho más intenso que si acaban de comer. Sin embargo, cuando se sienten en peligro, se retiran a sus nidos, y si se las toca, dejan de emitir luz. Tienen pocos depredadores, salvo opiliones y hongos parásitos, por lo que su mayor amenaza es la interferencia humana.

Hongo fantasma
(*Omphalotus nidiformis*),
Australia.

Hongo fantasma
REACCIÓN QUÍMICA

Un paseo nocturno por un oscuro bosque puede resultar inquietante de por sí, pero más aún si de pronto observamos unos brillos de color verde pálido a los pies de los árboles o sobre sus troncos. No en vano algunas tribus aborígenes australianas temían adentrarse en esos lugares, mientras que para otras las mortecinas luces representaban el espíritu de sus ancestros y las consideraban sagradas.

Pero no se trata de nada sobrenatural. El responsable de este fenómeno es un hongo, *Omphalotus nidiformis*, distribuido principalmente por Australia y Tasmania, que posee bioluminiscencia. El suave resplandor verde, más visible en la oscuridad, que emite constantemente se debe a una reacción química que se produce en su interior: la oxidación de la luciferina al contacto con la enzima luciferasa. Estas dos sustancias están presentes en otros organismos bioluminiscentes, como luciérnagas y una gran cantidad de animales marinos. Las láminas de la seta son la parte más luminosa, y su brillo puede ser variable.

Parece ser que al menos 81 de cada 100 000 especies de hongos de todo el mundo tienen la capacidad de desprender luz, en su mayoría, para atraer así a insectos dispersores de esporas. Pero según las investigaciones que se han llevado a cabo, este no es el caso de *Omphalotus nidiformis*, cuyo brillo sigue siendo un misterio. Una hipótesis es que se ilumine para indicar su toxicidad o, simplemente, que se trate del resultado de su metabolismo y no le reporte ningún beneficio.

El hongo fantasma puede ejercer tanto de parásito como de descomponedor de madera muerta (saprófito), ya que se alimenta de árboles enfermos y secos. Normalmente aprovecha una herida en el tronco, ya sea por la caída de una rama, daño de insectos o resultado de una poda mal realizada, para introducirse en la corteza y, poco a poco, ir pudriéndolo. No es exigente en cuanto al hospedador y es posible encontrarlo sobre especies autóctonas, como el eucalipto, o exóticas, en el caso de los pinos. Pese a ello, *Omphalotus nidiformis* desempeña un papel muy importante en la mortalidad y regeneración del bosque, además de contribuir a la descomposición de la madera, devolviendo los nutrientes al suelo para así comenzar un nuevo ciclo. Estas setas generalmente emergen después de las lluvias de finales de otoño, siendo visibles a lo largo de todo el invierno, y pueden alcanzar 20 cm de ancho. El epíteto *nidiformis* procede del latín y hace referencia a su «forma de nido».

TÓXICO Y BENEFICIOSO

Por su apariencia, durante el día puede confundirse con setas comestibles, como *Pleurotus ostreatus*, pero el hongo fantasma es venenoso, aunque no letal. Su toxicidad se debe a unos compuestos llamados ilundinas con los que se están realizando ensayos clínicos como posible terapia frente a varios tipos de cáncer.

Capillas de Mármol

POR DISOLUCIÓN DE LA CALIZA

En un majestuoso entorno patagónico dominado por las aguas turquesa del lago Buenos Aires/General Carrera, se halla el Santuario de la Naturaleza Capillas de Mármol. Está constituido por un grupo de acantilados e islotes que muestran unas extraordinarias y coloridas estructuras marmóreas.

Dichas rocas comenzaron a formarse como piedra caliza hace más de 300 millones de años debido a la acumulación de sedimentos calcáreos procedentes de fósiles de animales marinos, como corales o conchas. Posteriormente, la caliza fue sometida a intensas condiciones de presión y calor, soportando temperaturas de unos 350 °C a más de 10 km bajo tierra, lo que propició su cristalización, convirtiéndose en el actual mármol.

La zona permaneció bajo un gélido manto de hielo hasta hace unos 15 000 años, cuando los glaciares se retiraron originando el lago, un gigante de casi 2 000 km², que comparten Argentina (donde lo denominan lago Buenos Aires) y Chile (General Carrera). Desde entonces, sus aguas han ido esculpiendo caprichosas formas en el mármol debido a la solubilidad de esta roca, ya que está compuesta principalmente por carbonato cálcico.

TIERRAS DE MÁRMOL

Existen otras formaciones famosas de mármol, explotadas comercialmente y no tan espectaculares. En España están Macael (Almería) y Novelda (Alicante). Las primeras empezaron a ser aprovechadas a gran escala por los romanos, pero en Novelda no hay registros de cantería hasta el siglo XIV. Por su parte, Italia posee el prestigioso mármol de Carrara, en la región norte de la Toscana.

Detalle de Cuevas de Mármol en la orilla del lago General Carrera a lo largo de la Carretera Austral en el norte de la Patagonia, Chile.

La mencionada disolución de las calizas, como un azucarillo en una taza de café, ha ido dejando al descubierto bandas y pliegues de distintos tonos. Predomina el mármol blanco, pero también se ven azules, grises y rosados debido a la presencia de otros minerales en bajas concentraciones, acompañados por filamentos de piedra marrón y vetas amarillas. Durante los meses de verano, el deshielo de las montañas circundantes puede hacer que el nivel del lago aumente alrededor de un metro. En invierno, las aguas retroceden para revelar partes de las cuevas que generalmente están debajo de la superficie

Se estima que el sector cuenta con más de 5 000 millones de toneladas de mármol, y sus formaciones más conocidas son la Catedral de Mármol y la Capilla de Mármol, los dos islotes principales. Inicialmente a este conjunto se lo conocía como Piedra de Mármol, pero, quizá debido a la semejanza de las angulosas cuevas con una pequeña capilla, empezó a recibir dicho nombre. Y para diferenciar las de un islote y otro, al grande lo denominaron Catedral, mientras que Capilla quedó para el menor. El Santuario se ha convertido en un importante reclamo turístico para la zona y sus maravillas solo pueden visitarse en barco.

LA CIENCIA QUE ESCONDE LA TIERRA

Nuestro planeta muestra una serie de acontecimientos geológicos que originan formaciones extraordinarias esculpidas por la acción del viento o del agua, volcanes que desatan la fuerza del interior o pliegues producidos por la actividad tectónica. Y es que la Tierra, a lo largo de sus 4500 millones de años de existencia, ha experimentado cambios, aunque estos son tan lentos que, salvo excepciones, normalmente no son observables en la escala de tiempo humana.

DESIERTO DE ARENAS BLANCAS (pág. 66)

Las dunas del desierto de Nuevo México son únicas, ya que están formadas por yeso en vez de arena. Dicho material **se sedimentó** en la cuenca de un mar poco profundo y las fuerzas de la naturaleza contribuyeron a la **desintegración de los cristales.** Desde entonces, los millones de partículas resultantes son arrastradas por los fuertes vientos de la zona hasta que topan con algún obstáculo, como un arbusto o una roca, o llegan a una zona de baja presión, donde precipitan dando lugar a las dunas. El aire, al seguir pasando por estos puntos de acumulación, eleva su velocidad y baja más la presión, amontonando aún más arena. Las colinas que se forman gracias a este proceso son asimétricas, con una pendiente suave a barlovento y fuerte a sotavento. Además, están en **constante transformación y movimiento** cuando no tienen vegetación que las proteja. En realidad, el desplazamiento de las dunas se debe a que se erosionan por la cara por la que entra el viento y reciben arena en el lado contrario, por lo que avanzan en el mismo sentido en el que sopla el aire.

DESIERTO DE LOS PINÁCULOS (pág. 68)

Recibe su nombre por unas estructuras pétreas que pueden medir hasta 5 m de alto y 2 m de ancho. Al parecer, se formaron hace millones de años a partir de los **restos calcáreos** de un antiguo lecho marino. Al retirarse el agua, quedaron al descubierto y sufrieron distintos procesos de erosión que han ido esculpiendo sus peculiares formas. Por una parte, la temperatura en el desierto puede experimentar variaciones de hasta 30 ºC, lo que conlleva una **expansión o dilatación** de la roca cuando se calienta y una **contracción** cuando se enfría, y esto contribuye a su meteorización o fragmentación. Por otra, la arena suelta arrastrada que choca con las torres calcáreas las pule y moldea en un proceso de abrasión.

VOLCÁN (pág. 78)

Los volcanes son el resultado visible en la superficie de un largo proceso geológico mediante el cual aflora, a través de la boca eruptiva o cráter, material rocoso fundido (magma) y distintos gases. Al irse acumulando dicho material en los alrededores de la zona de emisión va formando un relieve, generalmente con forma cónica, que puede alcanzar gran altura. Un volcán consta de una **cámara magmática** situada en el interior de la corteza terrestre y una **chimenea** por la que sale al exterior el magma, al final de la cual está el **cráter** u orificio de salida. También, aparte del central, puede tener un **cono adventicio o secundario,** debido a fracturas en el flanco del volcán, o lacolitos, que son abultamientos causados por una subida de lava que no alcanza la superficie.

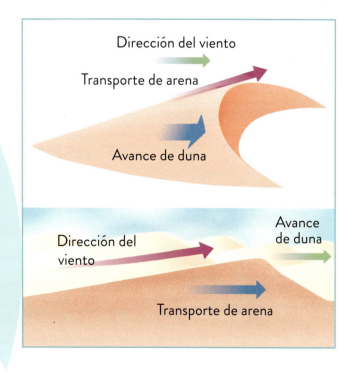

Dirección del viento
Transporte de arena
Avance de duna

Dirección del viento
Avance de duna
Transporte de arena

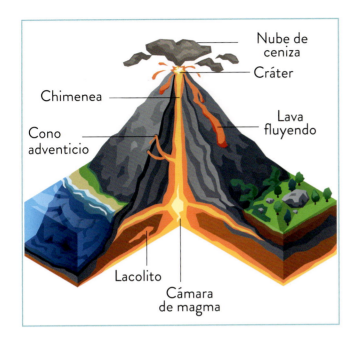

DOLINAS (pág. 101)

Son depresiones con paredes escarpadas, aunque no necesariamente verticales, contorno circular y fondo casi plano. Pueden tener formas y dimensiones muy variadas y aparecen en **paisajes kársticos,** es decir, aquellos que han sido originados por la desintegración y descomposición de ciertas rocas solubles. Esto se produce debido a que el agua de lluvia contiene CO_2 procedente de la atmósfera, por lo que se vuelve ligeramente ácida, y al interactuar con el carbonato de calcio de la roca caliza da lugar a bicarbonato de calcio, un compuesto sumamente soluble. Así, las aguas tanto superficiales como subterráneas van, poco a poco, disolviendo la roca y formando galerías y cuevas que acaban conectando ambas aguas hasta originar los sumideros o dolinas.

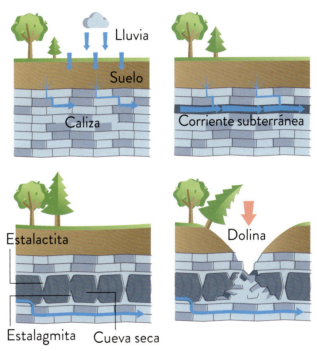

CALZADA DE LOS GIGANTES (pág. 86)

El origen de estas imponentes columnas basálticas está en la **lava incandescente** procedente de una colada emergida del volcán que ocupaba la zona. Cuando este cesó en su actividad eruptiva, el **enfriamiento** de dicho material dio origen al basalto, que se formó primero en la superficie para ir progresando en profundidad. Al enfriarse y contraerse, esta roca ígnea fue disminuyendo su volumen, creando una tensión que se liberó en forma de grietas y dio lugar a los característicos prismas, generalmente hexagonales, aunque también pueden ser octogonales. La separación entre los mismos es debida a la compensación de la disminución de su volumen. Posteriormente, entró en juego la **erosión,** que actuó primero sobre las rocas de los alrededores debido a que el basalto es mucho más resistente, dejando al descubierto dichas columnas.

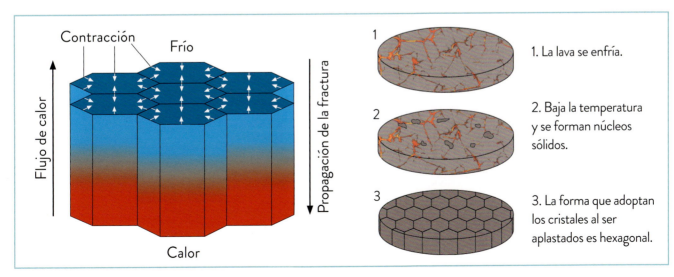

Cueva de hielo en el glaciar Vatnajökull en el sureste de Islandia.

CAVERNAS MARCIANAS

Los astrónomos creen que Marte también tiene cuevas de hielo, creadas por la actividad volcánica. Las naves espaciales que orbitan el planeta rojo han conseguido fotografiar claraboyas y cráteres que podrían conducir a cuevas. Según una nueva investigación, estas cavidades podrían tener las condiciones adecuadas para preservar el hielo y, potencialmente, incluso encontrar evidencia de vida.

Cueva de hielo de cristal azul

DESHIELO GLACIAR

Como si de un cuento de hadas se tratara, las cuevas de hielo de cristal azul nos transportan a un mundo congelado y mágico en lo profundo de un glaciar. Brillantes como un diamante y de un fascinante color índigo, estas gélidas oquedades y pasadizos nos revelan, una vez más, las maravillas de la naturaleza.

Aunque popularmente se las conoce como cuevas de hielo, esta denominación no es del todo exacta, ya que así se llama a cualquier caverna, aunque sea rocosa, que tenga carámbanos u otras formaciones de hielo en su interior durante todo el año. Sería más correcto referirse a ellas como cuevas glaciares debido a que se forman dentro de los mismos y generalmente son de un llamativo azul eléctrico.

Están talladas por el poder del agua de deshielo, que corre a través o bajo el glaciar. Dicha agua a menudo se origina en la superficie del glaciar cuando este se derrite y se filtra a través de grietas o sumideros llamados molinos glaciares, creando ríos y arroyos que fluyen bajo el hielo. Estas corrientes pueden ser bastante caudalosas y esculpen fantásticos laberintos en la base de los glaciares. El movimiento del aire que se cuela por los túneles puede ayudar a la ampliación de los mismos mediante el derretimiento en verano y la sublimación en invierno.

Estos palacios de hielo están sujetos a un ciclo anual. En primavera y verano, las temperaturas más cálidas aceleran el deshielo y los pasadizos se llenan de un agua que en otoño e invierno volverá a congelarse creando nuevas cavidades. Además, los glaciares que los originan también están en constante movimiento, pudiendo modificar las cuevas o hacerlas desaparecer. Sin embargo, algunas se forman en el mismo lugar año tras año debido a los atributos geológicos específicos del área. Por ejemplo, la cueva de hielo azul más famosa es la que se encuentra en el glaciar Vatnajökull, en Islandia, formada por el calor geotérmico de respiraderos volcánicos o fuentes termales bajo el hielo.

Pero todas ellas tienen en común su característico e intenso tono índigo. La nieve nos parece blanca porque contiene muchas burbujas de aire en su interior que hacen que la luz rebote. Cuando esta se acumula sobre un glaciar, se compacta debido a la presión y las mencionadas burbujas son expulsadas. La luz ya no rebota, por lo que hielo entonces absorbe más la luz roja, reflejando la azul, que intensifica su color con el aumento del espesor de la capa helada y la pureza del agua.

Hielo turquesa

REFLEJO DE LA LUZ AZUL

Montículo de hielo turquesa en el lago Baikal, Rusia.

A vista de satélite, en el corazón de la inmensa Siberia, se observa un enorme ojo rasgado de color azul. Se trata del misterioso lago Baikal, el más antiguo y profundo del mundo, con tramos que superan los 1600 m. Por ese motivo, ha sido un lugar de encuentro para los seres humanos que han poblado la región desde hace unos 10 000 años. Tanto es así, que lo denominaron como *Bai kul* o «lago rico».

Este pequeño mar en plena taiga constituye la mayor reserva de agua dulce del planeta, almacenando un 20 % del total. Y llama la atención la extrema claridad y pureza de sus aguas, que permite ver desde la superficie hasta 40 m de profundidad. Los responsables de la transparencia son unos microscópicos cangrejos llamados epishura, que actúan como filtro biológico devorando algas y bacterias. Los mencionados microorganismos constituyen la base de la cadena alimentaria de un ecosistema único y muy especial, que cuenta con más de 2 000 especies de flora y fauna, de las que casi la mitad son endémicas. De entre ellas, destaca la foca de agua dulce nerpa (*Pusa sibirica*), cuya presencia allí desconcierta a los científicos, ya que el lago se encuentra a cientos de kilómetros de distancia del océano.

De junio a octubre, las aguas lacustres son navegables y el Baikal se convierte en uno de los destinos vacacionales preferidos de los rusos. Pero en invierno la cosa cambia y las temperaturas rondan los -30 ºC. Este frío extremo consigue congelar todo el lago con una capa de hielo de varios metros de espesor que permite incluso el tránsito de vehículos. A finales de la época más fría, la superficie se resquebraja debido a los cambios térmicos entre el día y la noche, haciendo emerger bloques de hielo de un bello color turquesa.

Como ya comentamos en las cuevas de cristal azul, este tono se produce cuando el hielo se consolida. Al congelarse por primera vez, se llena de burbujas que permiten el paso de la luz. Pero a medida que el hielo queda enterrado y aplastado por nuevas capas, dichas burbujas se vuelven cada vez más pequeñas hasta desaparecer y ya no actúan dispersando los rayos solares, que penetran más profundamente. Esto provoca que el hielo absorba la luz roja y amarilla y refleje la azul, por lo que lo vemos de un brillante turquesa.

El Baikal es fuente de múltiples leyendas. Cuentan que, al igual que el lago Ness, tiene su propio monstruo acuático. También aseguran que se han registrado en él incontables avistamientos ovnis.

TELESCOPIO DE NEUTRINOS

Las profundidades del lago Baikal albergan un telescopio subacuático cuya misión es capturar unas partículas casi imposibles de detectar: los neutrinos. Estos atraviesan la materia sin interactuar, por lo que, para poder localizarlos, los telescopios deben estar en lugares aislados del resto de radiación y rodeados de materia, normalmente agua. Este lago siberiano parece el lugar idóneo para estudiarlos.

Playa Diamante

Hielo sobre arena negra

Para los amantes de las piedras preciosas podría ser un lugar de ensueño si no fuera porque las joyas que adornan la playa están formadas por hielo en vez de por carbono cristalizado. Sin embargo, su belleza es cautivadora. La niebla que a menudo envuelve la zona le da un aspecto aún más misterioso a un paisaje que cambia con el paso de las horas.

Su nombre real es Breiðamerkursandur, pero dado que resulta impronunciable, se la conoce como playa Diamante. La coloración de su arena, negro carbón, se debe a la alta concentración de roca volcánica, producto de los miles de erupciones que ha sufrido el territorio islandés a lo largo de su historia. Esa roca fue transportada por las corrientes de ríos glaciares, que la fueron fragmentando y limando hasta darle el aspecto actual. Ello contrasta con el brillo de los «diamantes» glaciares, que varían desde el azul profundo al blanco brillante pasando por tonos turquesas. Alguno de los fragmentos de hielo puede superar los 2 m de altura y una tonelada de peso.

Se podría decir que esta maravilla es obra de la laguna de Jökulsárlón, una de las más importantes de Islandia, con una superficie de unos 20 km^2 y más de 200 m de profundidad. Se formó a principios del siglo XX como consecuencia

del calentamiento global, y desde entonces no ha parado de crecer debido al derretimiento del glaciar. Tiene la peculiaridad de que en ella se acumulan innumerables icebergs que chocan entre sí, rompiéndose y puliéndose. Esto es a causa de la existencia de un río en la base de la laguna que es lo suficientemente profundo como para permitir que el agua del mar entre y salga durante todo el día. Los trozos de iceberg más pequeños consiguen atravesar el río y llegar al océano Atlántico, donde las olas los transportan hasta la playa, creando una capa de destellos brillantes sobre la negra costa.

Las mareas que suben y bajan en la laguna la han convertido en un lugar idóneo para que prosperen algunas especies de peces y crustáceos, como el arenque, el salmón o el krill, formando un ecosistema que no existía antes. Los peces han atraído a las focas, que allí se encuentran a salvo de las orcas que merodean en mar abierto. También las aves migratorias acuden en masa cada verano para alimentarse. En definitiva, esta laguna nacida a consecuencia del cambio climático se ha convertido sorprendentemente en un lugar lleno de vida.

Penitentes de hielo, paso de montaña de San Francisco, entre Chile y Argentina, Sudamérica.

DESCRITOS POR DARWIN

El científico Charles Darwin descubrió los penitentes en 1835 durante una expedición por América del Sur. Cuando viajaba de Santiago de Chile a la ciudad argentina de Mendoza, se asombró al ver un campo de afiladas agujas congeladas que, haciendo caso a la leyenda local, atribuyó a los fuertes vientos. Posteriormente, lo documentó en su obra *El viaje del Beagle* en 1839.

Penitentes de hielo

SUBLIMACIÓN EN EL ESTÍO

En los Andes de Chile y Argentina, a más de 4 000 m sobre el nivel del mar, se extienden campos de pináculos y agujas de hielo. Estas formaciones reciben el nombre de penitentes, ya que recuerdan a los nazarenos de las procesiones de Semana Santa con sus ropas blancas y capirotes. Son congregaciones de dagas heladas de hasta 5 m con forma curva, que apuntan en dirección al sol.

Suelen formarse en verano durante el deshielo. En un ambiente tan carente de humedad y con una potente radiación solar, el hielo, en vez de derretirse en forma de agua, cuyo goteo desharía los pináculos, directamente se evapora en un proceso llamado sublimación. Con los rayos incidiendo en un ángulo determinado, algunas zonas se evaporan antes que otras, formando hendiduras curvadas que, a su vez, concentran la radiación, sublimándose aún más rápido. Al parecer, las impurezas en la nieve también contribuyen a cincelar las curiosas siluetas al crear zonas negruzcas que absorben más el calor.

Con el astro rey como escultor, los fuertes vientos colaboran en el proceso puliendo las figuras que por la noche las gélidas temperaturas vuelven a petrificar. Curiosamente, estos mares de agujas pueden emerger tanto sobre nieve como sobre un suelo seco y, además, debido a su orientación no proyectan sombra.

Dado que los penitentes se encuentran en un área muy remota y de difícil acceso, no han sido muy estudiados. Sin embargo, recientemente un grupo de científicos de la Universidad de Colorado se desplazó hasta un volcán en el desierto de Atacama (Chile) para hacer una investigación sobre la vida en condiciones extremas. Casualmente descubrieron manchas rojas en la base de algunos pináculos del lugar que les recordaron a algas de nieve existentes en ambientes alpinos y polares. Tomaron muestras y el laboratorio confirmó que, efectivamente, los hielos analizados contenían las mencionadas algas, además de bacterias y microbios.

Este hallazgo abre la puerta para entender mejor la supervivencia de algunos organismos en condiciones límite en la Tierra, ya que también existen penitentes en las cordilleras del Himalaya, del Pamir o del Hindu Kush. Pero es que estas mismas formaciones aparecen igualmente en Plutón y en Europa, uno de los satélites de Júpiter, por lo que cobra fuerza la posibilidad de descubrir vida fuera de nuestro planeta.

Penitentes de hielo. Paso de Agua Negra, Altiplano andino, entre Chile y Argentina, Sudamérica.

Flores de hielo

VAPOR DE AGUA CRISTALIZADO

Flores de hielo en el lago Abraham en Canadá.

Como si de una fantasía se tratara, sobre las aguas más frías del planeta aparecen en ocasiones grandes extensiones cubiertas por miles de inmaculadas y gélidas flores de hielo. Estos jardines petrificados pueden verse tanto sobre lagos como en el mar, siendo más abundantes en las costas árticas y antárticas.

Su origen es consecuencia de un proceso que se llama sublimación inversa, es decir, un cambio de estado del agua, que pasa de gas a sólido sin convertirse primero en líquido. Para que eso ocurra es preciso que la temperatura sea, al menos, de -22 ºC. Entonces, por las fisuras que se producen en el manto de hielo escapa el vapor de agua contenido bajo el mismo y que, al entrar en contacto con el ambiente glacial, se congela directamente. Pero el vapor necesita un núcleo sobre el que cristalizar, y las flores de los grandes lagos de agua dulce se sirven para ello de las partículas que se encuentran en el ambiente, como polvo en suspensión o polen. Por su parte, las que nacen sobre el mar tienen como semilla la sal y son extremadamente salobres, resultando desagradables al paladar. Esto es debido a que, durante la formación del hielo en los océanos, la sal es expulsada hacia la superficie, y las flores incorporan esa salmuera sobrante en sus estructuras al desarrollarse.

Otro factor importante para la modelación de las figuras de hielo es que el viento esté en calma. Eso posibilita que el aire ambiental, que es húmedo, al entrar en contacto con la escarcha recién formada, se congele, facilitando el crecimiento rápido y vertical de los delicados pétalos.

Pero este fenómeno no solamente llama la atención por su indiscutible belleza. Está en el punto de mira de la comunidad científica, ya que recientemente se ha descubierto que cada flor marina contiene hasta dos millones de bacterias, además de varios minerales y una alta concentración de formaldehído, un compuesto químico que producen todas las formas de vida como parte de su metabolismo celular. Los microorganismos quedan atrapados a medida que los pétalos se van estructurando y dan lugar a pequeños ecosistemas, que sobreviven en condiciones extremas de frío y salinidad. Conocer más a fondo a estas bacterias podría revelar secretos sobre la vida en la Tierra, además de constituir un punto de partida para buscar vida extraterrestre en alguno de los planetas congelados de nuestro sistema solar.

MÁS FLORES, MÁS CALENTAMIENTO GLOBAL

Según Jody Deming, profesora de Oceanografía y microbióloga marina en la Universidad de Washington, es probable que el avistamiento de estos prados de flores de hielo sea cada vez más frecuente, ya que a medida que los polos se calientan aumentan las extensiones de mar abierto sobre las que se creará una fina capa de hielo en invierno.

Pelos de hielo

FRÍO Y HUMEDAD

Se trata de un fenómeno tan frágil como difícil de encontrar y, a falta de explicación científica hasta hace pocos años, ha formado parte de los grandes misterios de la naturaleza. Su aparición requiere unas condiciones muy particulares: ausencia de viento, un alto grado de humedad y que la temperatura del aire se sitúe ligeramente por debajo de los cero grados. Entonces, sobre las ramas podridas de algunos árboles se forman, como por arte de magia, unos finos cabellos blancos, que desaparecerán inmediatamente si la temperatura cambia o el aire se seca.

Los pelos son suaves, a menudo con un brillo sedoso, de 0,02 mm de diámetro y hasta 20 cm de longitud. Aunque los cabellos individuales en su mayoría están separados, siguen un orden macroscópico, a menudo con una regularidad sorprendente. Se encuentran en racimos de hermosas estructuras, como rizos y ondas, a veces incluso con raya.

Después de diversas hipótesis acerca de su origen, en el año 2015 un equipo de investigadores suizos y alemanes descubrió que el responsable de esta maravilla es un hongo, concretamente Exidiopsis effusa. Durante varios años, los expertos recogieron muestras de ramas sobre las cuales había crecido el pelo de hielo. El posterior análisis genético

Se ha observado principalmente en bosques de hoja caduca de Canadá, Francia, Alemania, India, Irlanda, Países Bajos, Rusia, Gran Bretaña, Eslovenia, Suecia, Suiza y Estados Unidos. Se trata de un fenómeno escaso y muy fugaz, ya que crece sobre todo por la noche y se funde al salir el sol o al tocarlo, además de ser invisible en la nieve y poco visible con escarcha.

Pelos de hielo en una rama podrida, de un bosque escocés.

reveló que, si bien la mayor parte de la madera podrida soportaba varias especies de hongos, Exidiopsis effusa estaba presente en todas y que, incluso en algunas muestras era el único representante.

El proceso del pelo de hielo se inicia cuando hay mucha humedad y el agua se introduce en todos los resquicios de la madera muerta. En el momento en que la temperatura baja de cero grados centígrados, la parte más superficial se congela, dejando una fina película de agua entre el hielo y la madera. Esto provoca una succión que absorbe el agua hacia el interior de los poros de la madera, de donde irá saliendo, gradualmente, en áreas que no se encuentren cubiertas por la corteza. Cada nueva gota que sale de un poro empuja a su predecesora, ya en forma de cristales de hielo, y a su vez se va congelando. De esa manera, el cabello se va estirando y creciendo siempre que exista agua en la rama. Y ahí es cuando el hongo entra en acción, liberando unas sustancias químicas inhibidoras que impiden que los cristales pequeños se conviertan en otros más grandes, produciendo estructuras extremadamente finas y delicadas.

Rodillos de nieve

CRECEN CUANDO RUEDAN

Cuando se descubrió este fenómeno, el asombro fue tal que se pensó que los rodillos de nieve eran obra de algún bromista, de extraterrestres o incluso que se trataba del refugio de alguna especie animal aún no descubierta. Y no es para menos, ya que estos cilindros blancos pueden aparecer por cientos en una explanada, dejando tras de sí el rastro de su movimiento, por lo que casi da la impresión de que tuvieran vida propia. Aunque su diámetro suele ser de unos 30 o 40 cm, se han documentado casos en los que alcanzan un metro de altura, asemejándose a barriles. Los hay estrechos y parecidos a donuts, y también alargados como alfombras enrolladas.

Nuevamente, la naturaleza vuelve a sorprendernos con sus maravillosas obras y los gélidos rollos tienen una explicación física. Básicamente, se trata de un pequeño trozo de nieve empujado por el viento que aumenta de tamaño al ir recogiendo más nieve según rueda. Sin embargo, no es un proceso sencillo, sino que exige la conjunción de varios requisitos. Para que se puedan formar esas estructuras, también conocidas como pacas o donuts de nieve, se necesitan unas condiciones perfectas en cuanto a la temperatura del aire, el hielo, la nieve, la humedad y el viento. Por eso es un fenómeno tan poco habitual.

Para empezar, tiene que haber una acumulación suficiente de nieve ligera y esponjosa sobre una superficie helada. La temperatura ambiental debe de subir por encima del punto de congelación, lo que favorece que la capa superficial se vuelva pegajosa al ablandarse y humedecerse, adhiriéndose a sí misma, pero sin derretirse ni congelarse. Asimismo es necesario un viento persistente ni demasiado flojo ni muy fuerte, de aproximadamente unos 40 o 50 km/h, que levante la nieve. La fuerza de la gravedad también es de gran ayuda, ya que una superficie inclinada favorece el desplazamiento, el aumento de tamaño y el consecuente enrollamiento.

Lógicamente, es más fácil encontrarlos en colinas, praderas o alguna extensión desprovista de vegetación u obstáculos para que puedan rodar hasta que cese el viento, termine la pendiente o sean demasiado grandes como para ser arrastrados. En un principio, estas curiosas estructuras son compactas, pero normalmente las capas interiores, que son las primeras en formarse, son más delgadas y débiles que las exteriores, siendo más vulnerables a la acción del viento, por lo que desaparecen dejando un agujero en medio.

Rodillos de nieve.

CILINDROS EN PARABRISAS

Estas curiosas estructuras suelen verse con mayor frecuencia en terrenos abiertos como las praderas de Norteamérica, por lo que se los ha comparado con el equivalente invernal de las plantas rodantes típicas de los *westerns* (estepicursores). Pero también pueden aparecer ocasionalmente en el parabrisas delantero de un vehículo, cuando la nieve empieza a ablandarse y cae debido a la pendiente del cristal.

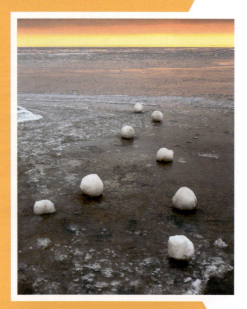

Bolas de hielo en la bahía de Gdansk en Jastarnia. Península de Hel, Polonia.

LOLLY

Este inusual proceso está documentado en latitudes altas en el hemisferio norte. En la isla canadiense de Cabo Bretón, los pescadores lo denominan lolly, que tiene que ver con cierto tipo de hielo «pastoso», parecido al de los helados de polo. En el estadounidense lago Michigan ocurre prácticamente cada año y también se ha registrado en Siberia, Finlandia y varios lugares del este de Europa.

Bolas de hielo

POR FRÍO, VIENTO Y OLAS

Como si fuera un gran parque infantil de bolas, con la particularidad de que estas están congeladas y se encuentran sobre las orillas de ciertas playas y lagos, de vez en cuando en alguna región del mundo con un clima lo suficientemente frío aparece este llamativo y extraño fenómeno. Cientos, y a veces miles, de pelotas de hielo redondeadas y que alcanzan un tamaño semejante al de un balón de playa se acumulan repentinamente junto a grandes masas de agua. La impecabilidad de sus formas y su pulido podrían hacer pensar en algún tipo de intervención humana. Sin embargo, son obra de la naturaleza, que vuelve a demostrar su papel de artista perfecta.

No existe, por ahora, ningún término meteorológico que defina este acontecimiento, que se produce por la suma de unas condiciones particulares de bajas temperaturas, viento y oleaje de las masas de agua. Tampoco los científicos se ponen de acuerdo en cuanto al proceso de formación, respecto al que hay dos teorías. Una de ellas afirma que previamente es necesario que se haya producido una nevada de cierta consideración en una playa dotada de una suave pendiente. A continuación, las olas en su llegada a la orilla van meciendo esa nieve blanda haciéndola rodar una y otra vez sobre la arena, igual que ocurre en los ríos cuando la corriente va erosionando las piedras para acabar transformándolas en cantos rodados.

La segunda hipótesis se basa en pequeños trozos de hielo que se desprenden de capas más grandes que flotan sobre el agua. Una vez que se han separado, avanzan hacia tierra con la marea entrante o empujados por ráfagas de viento. El agua del mar o lago se va congelando sobre los mencionados bloques, haciéndolos aumentar de tamaño, y al llegar a la orilla son moldeados por el oleaje, que les proporciona su característica forma redondeada y lisa. En ambos casos, si la orilla está cubierta de nieve, esta se adherirá a las bolas, que pueden seguir creciendo hasta alcanzar los 40 cm de diámetro y más de 20 kg de peso, abarcando su presencia varios kilómetros.

Sea cual sea su proceso de formación, las bolas de hielo necesitan unos requisitos indispensables. La temperatura del aire ha de estar ligeramente por debajo de cero grados y la del agua, dulce o salada, rondar ese valor, que es el del punto de congelación. Además, la playa debe ser de arena poco profunda, con leve pendiente en la línea de costa y un oleaje continuo pero suave.

Burbujas de hielo inflamables

EL EFECTO DEL METANO

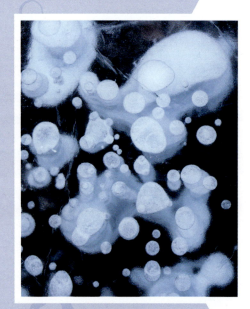

Lago Abraham en Canadá.

ENERGÍA ALTERNATIVA

Existen programas de investigación que están estudiando cómo extraer ese hielo inflamable, también llamado hidrato de metano, para usarlo como combustible. Y es que hay más energía contenida en hidratos de metanos que en todo el petróleo, carbón y gas del mundo juntos. El inconveniente es que aún no se sabe cómo extraerlo de manera rentable y sin efectos nocivos para el medioambiente.

¿Te imaginas caminar sobre un lago helado con columnas de burbujas de hielo bajo tus pies? Esa es la magia del lago artificial Abraham, al que acuden miles de turistas y fotógrafos durante la época invernal para contemplar y plasmar este fenómeno, que convierte las aguas en un mosaico de colores: blanco, turquesa, celeste y azul oscuro.

El lago se formó a partir de la construcción, en 1972, de una presa de grandes dimensiones al pie de las Montañas Rocosas en Alberta, Canadá, y cuenta con más de 53 km² de superficie. Bajo sus aguas, si las temperaturas son lo suficientemente bajas, se puede observar una multitud de pompas congeladas.

Sin embargo, el origen de esta maravilla no es tan idílico. Todo comienza cuando las bacterias van descomponiendo la materia orgánica (restos de plantas y animales) presente en el lecho del lago. Al hacerlo liberan metano, un gas muy inflamable, incoloro, inodoro y más ligero que el aire que, debido a su menor densidad, asciende hacia la superficie. Cuando el frío es intenso, el metano se congela en este proceso, dando lugar a petrificadas pilas de burbujas, que permanecerán suspendidas hasta que la primavera, con su deshielo, las libere.

Ahí radica el peligro, ya que, como gas de efecto invernadero, las moléculas de metano son hasta 30 veces más potentes que el dióxido de carbono, con el consiguiente impacto en el calentamiento global. Y las burbujas no son inofensivas mientras permanecen congeladas, ya que ese hielo es inflamable y si emergiera a la superficie y casualmente hubiera algún tipo de fuego cerca, causaría una fuerte explosión.

Uno de los procesos que más preocupan es la liberación de grandes cantidades de metano a la atmósfera como consecuencia del deshielo. Bajo el permafrost, atrapadas en el fondo del océano o en grandes lagos, estas bolsas de metano están dejando salir, cada vez más, su contenido al exterior, con las consecuencias que ello puede tener para el cambio climático.

De hecho, un equipo internacional de científicos ha alertado de que una zona del fondo del océano Ártico que almacena grandes bolsas de metano congelado ha empezado a presentar fugas generalizadas. Y es que cada año se emiten siete millones de toneladas de metano a la atmósfera solo desde la Plataforma Ártica de Siberia Oriental.

Lengua del glaciar Taylor, en el valle Taylor, Tierra de Victoria, Antártida.

EXTRAÑAS BACTERIAS

El agua sangrante de las cataratas contiene una rarísima comunidad de bacterias que sobreviven en condiciones extremas y cuyo origen puede remontarse a hace cinco millones de años. Estos microorganismos han aprendido a metabolizar la materia orgánica atrapada a través de sulfatos e iones férricos. Lo mismo podría ocurrir en otros lugares del Sistema Solar, como Marte, Europa y Encelado.

Cataratas de Sangre

HIERRO Y SAL BAJO EL GLACIAR

Como la sangre que mana de una profunda herida abierta en el interior de una gigantesca mole de hielo, la monotonía de la Antártida se rompe con un espectáculo sobrecogedor. No fue descubierto hasta 1911, cuando el geógrafo y explorador inglés Thomas Griffith Taylor se adentró en los Valles Secos, un sector del mencionado continente considerado como uno de los desiertos más extremos, ya que en algunas zonas no llueve desde hace un millón de años. La enorme lengua roja inmediatamente llamó su atención y la bautizó como Cataratas de Sangre.

En un principio, la explicación que se dio al color rojo del agua era la presencia de algas en la misma, que la teñían produciendo el

impresionante efecto. La dificultad que entraña llegar hasta el lugar y las adversas condiciones del mismo impidieron que se realizaran estudios más profundos. No fue hasta 2017 cuando un grupo de científicos de la Universidad de Alaska Fairbanks y del Colorado College echó por tierra esa teoría al descubrir algo mucho más extraño: debajo del glaciar existe una bolsa de agua recóndita que puede haber estado atrapada desde hace más de un millón de años, con una red de ríos y pequeñas lagunas subterráneas. Durante todo este tiempo, el agua depositada en lo más profundo de este lago subglaciar ha ido acumulando una densidad salina inusual, cuatro veces superior a la del agua del mar, y una gran cantidad de hierro. Debido a este elemento, al filtrarse el agua por las fisuras y salir al exterior, el agua se oxida adoptando el intenso color rojo. Se trata de un caso único en el mundo.

Los investigadores rastrearon el camino del agua salada debajo del hielo utilizando un sistema similar a la ecolocalización de los murciélagos, que emiten ondas sonoras, las cuales, al chocar con un objeto, rebotan y vuelven a sus orejas. En este caso las ondas rebotaron en el hielo y el agua a diferentes velocidades creando un mapa de los arroyos y embalses salados.

Aún más intrigante es el hecho de que puede existir agua líquida dentro y debajo del glaciar congelado en el que la temperatura media es de -17 °C. Aunque suene contradictorio, el agua libera calor a medida que se congela y calienta el hielo circundante. Así, la salmuera que se hiela mantiene al resto en estado líquido, a lo que también contribuye el hecho de que la sal en el agua reduce su punto de congelación. Por lo tanto, este glaciar es el más frío que se conoce con agua que fluye persistentemente.

Bioluminiscencia nocturna

POR ACCIÓN DE MICROORGANISMOS

La playa de Jervis Bay, en Australia, es un lugar ideal para bañarse en sus cristalinas aguas o tomar el sol sobre la fina arena, considerada la más blanca del mundo, además de observar fauna marina como ballenas jorobadas o delfines. Pero cuando cae la noche, la naturaleza depara un nuevo y maravilloso espectáculo. Contrastando con la oscuridad del mar y el cielo, las olas se iluminan con un color turquesa resplandeciente. Este fenómeno es más frecuente durante el verano, aunque puede aparecer inesperadamente en cualquier momento, siendo muy difícil de predecir.

Y no es que se haya realizado ningún vertido azul eléctrico en el mar. Esa iluminación procede de organismos vivos y se llama bioluminiscencia. Un ejemplo conocido de la misma, a nivel terrestre, es la luz que desprenden las luciérnagas. También ha sido observado en algunos hongos, pero este fenómeno es producido, en su gran mayoría, por organismos marinos.

En la bioluminiscencia acuática, los dos responsables de la misma son bacterias y dinoflagelados. Estos últimos son un tipo de alga unicelular que forma parte del fitoplancton, y sobre todo los pertenecientes al género *Noctiluca* poseen unas sustancias, luciferina y luciferasa, que producen una reacción química en la que la luciferina se oxida desprendiendo energía luminosa.

Los investigadores no se ponen de acuerdo sobre qué situaciones provocan que se iluminen las mencionadas algas. La primera hipótesis señala que lo hacen para atraer al depredador de su propio depredador. Resulta que los principales enemigos de los dinoflagelados son unos pequeños crustáceos transparentes (copépodos) que, al devorarlos, se iluminan por dentro, convirtiéndose así en presa fácil para los peces. La otra teoría apunta a que estos organismos, cuando se sobresaltan o asustan, bien al ser atacados o simplemente con el movimiento de las olas, emiten un destello para intentar asustar al depredador y luego poder escapar nadando.

Por su parte, las bacterias bioluminiscentes producen unas enzimas que son capaces de degradar varias sustancias, como desechos de petróleo y otros compuestos químicos, contribuyendo en gran medida a depurar el agua de los ecosistemas marinos. También elaboran ácidos grasos esenciales, que son importantes para el resto de los organismos.

1

2

4

5

Aunque el mar pueda parecernos un lugar tremendamente oscuro, en realidad esconde un festival de luz, ya que un 76 % de los animales que en él viven son bioluminiscentes. Tiburones, peces, crustáceos, anémonas, calamares, medusas y una larga lista de criaturas utilizan sus capacidades lumínicas para atraer presas, defenderse de sus depredadores, camuflarse, comunicarse o encontrar pareja. Por ejemplo, las bonitas medusas peine emiten luz cuando se sienten en peligro, deslumbrando así a su adversario y ganando tiempo para huir.

Existen tres tipos de bioluminiscencia: intracelular (producida en el propio metabolismo, como en las luciérnagas o bacterias), extracelular (se manifiesta fuera del organismo a modo de chorro o nube de luz y es típica de crustáceos y cefalópodos) y la simbiosis con bacterias (es generada por bacterias luminiscentes que se alojan en unas vejigas, llamadas fotóforos, que poseen algunos animales marinos).

3

6

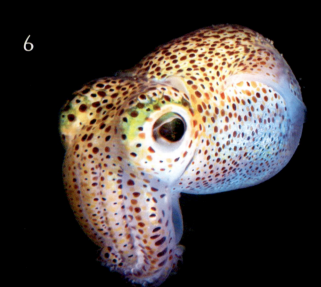

El calamar hawaiano es un modelo en esta relación simbiótica. Sale a alimentarse por la noche y activa sus fotóforos para que los depredadores lo confundan con el reflejo de la luna y así poder escapar. Por su parte, las bacterias también se benefician, ya que en el interior de dichas vejigas tienen a su disposición nutrientes en abundancia.

Estas no son las únicas luces del mar, otros animales pese a no poseer bioluminiscencia son biofluorescentes. Esto es que no emiten luz propia, sino que reflejan la que reciben. Y lo hacen gracias a los cromatóforos, unas células llenas de pigmentos que absorben luz. Es el caso del calamar de arrecife, capaz de cambiar de color rápidamente a través del control de dichos cromatóforos.

1. Calamar de arrecife (*Sepioteuthis lessoniana*), 2. *Antiopella cristata* (molusco), 3. Anémona, 4. Medusa de lunares blancos (*Phyllorhiza punctata*), 5. Medusa peine (*Ctenóforo*), 6. Calamar hawaiano (*Euprymna scolotes*).

INFLUENCIA HUMANA

Grand Prismatic no siempre ha mostrado este espectacular colorido. Hasta mediados del siglo xx la temperatura de sus aguas era mucho más alta y el manantial tenía un color azul oscuro. Sin embargo, debido a la actividad de algunos turistas que lanzaban monedas o basura en su interior, se obstruyó parcialmente el respiradero, con lo que la temperatura disminuyó y fomentó el crecimiento bacteriano.

Grand Prismatic

CADA BACTERIA, UN COLOR

El Parque Nacional de Yellowstone es el más antiguo del mundo y posiblemente también el más famoso. Hogar del personaje de dibujos animados oso Yogui y de otros más reales, como los osos grizzly o sus célebres lobos, también tiene una geología excepcional, ya que se ubica sobre una caldera volcánica que se formó hace 63 000 años. Destacan sus géiseres y, sobre todo, las abundantes fuentes de aguas termales. Entre estas últimas, el Grand Prismatic se ha convertido en un icono del conocido parque. Este manantial, el tercero más grande del mundo con unos 90 m de ancho y 50 de profundidad, tiene un vibrante colorido que sigue el espectro de la luz blanca a través de un prisma (de rojo a azul) y parece retocado con Photoshop.

Fue descrito oficialmente en 1871 por la Expedición Hayden, cuyo líder, Ferdinand Hayden, escribió al verlo: «Nada jamás concebido por el arte humano podría igualar la peculiar viveza y delicadeza de color de esta maravilla». En realidad, mucho antes de la llegada del este geólogo estadounidense, los nativos que cazaban bisontes en las grandes extensiones de Yellowstone conocían bien el Grand Prismatic, al que consideraban como un lugar sagrado. El agua en el centro de la fuente ronda los 87 °C y se enfría gradualmente a medida que se extiende por la superficie. Y, aunque parezca mentira dadas las extremas condiciones, este manantial alberga numerosos organismos, que son los responsables de su bello cromatismo. La parte central está demasiado caliente para contener vida, por lo que el agua allí es extremadamente clara, con un hermoso color azul, al igual que el de un lago u océano. Pero según se esparce y enfría crea círculos concéntricos de diferentes temperaturas y en cada uno de ellos habitan distintas bacterias.

El tono amarillo que rodea al azul es debido a una cianobacteria unicelular, *Synechococcus*, que logra sobrevivir a unos 72 °C y una fuerte radiación solar gracias a un pigmento, el betacaroteno, que la protege de la insolación extrema y le da ese color. Por eso en invierno, cuando la luz del sol se atenúa, estas bacterias producen menos carotenoides y se ven verdeazuladas, más parecidas a las típicas algas de lagos o estanques. El siguiente anillo tiene una temperatura ligeramente inferior (65 °C), lo que permite el florecimiento de un conjunto más diverso de vida, como otras bacterias llamadas *Chloroflexi*, cuyos carotenoides son anaranjados. El círculo más externo es el más frío (55 °C) y alberga la comunidad bacteriana más abundante y diversa, siendo la mezcla de sus distintos carotenoides la que produce el color más oscuro, con un tono rojizo o burdeos.

Géiser

EBULLICIÓN DEL AGUA

La palabra géiser deriva del verbo islandés *gjósa* que significa «explosión» o «estallido». Y eso es precisamente de lo que se trata este fenómeno geológico, de un gran y violento chorro de agua hirviendo que sale a la superficie alcanzando una altura media de 50 m.

Su aparición requiere de unas condiciones muy específicas, entre ellas, que en el territorio haya existido actividad volcánica. Miles de años después de la erupción, la zona situada debajo de un volcán aún permanece ardiente, por lo que estas cámaras magmáticas transmiten el calor a las diferentes bolsas de agua que se forman en el subsuelo tras filtrarse desde la superficie.

Llega un momento en el que el agua entra en ebullición y las burbujas de vapor ascienden hacia el exterior hasta que topan con el agua fría de la parte superior del conducto, que actúa como barrera de contención. Al final, la presión del agua caliente rompe la tensión superficial y explosiona, saliendo fuera del géiser en forma de chorro. Tras extinguirse la presión, dicho chorro decrece, pero al volver a filtrarse agua desde el exterior, esta se calienta de nuevo y el ciclo se repite. La regularidad de este proceso cíclico dependerá del tamaño de cada una de las cavidades. Pueden ser segundos, minutos u horas.

Interiormente, la estructura de un géiser consiste en una pequeña abertura hacia la superficie que está conectada con distintas «tuberías» bajo tierra, comunicadas a su vez con las reservas de agua subterránea.

Existen dos tipos de géiser: los de fuente que se encuentran en estanques de agua y explosionan de forma violenta y en series, y los de cono, que expulsan un chorro continuo de agua durante unos segundo o minutos a través de un pequeño montículo.

El Parque Nacional de Yellowstone, en Estados Unidos, alberga unos 300 géiseres, prácticamente la mitad de todos los del planeta, y algunos de los más espectaculares. En la península rusa de Kamchatka se encuentran unos 200 y el resto está disperso por distintas zonas con antigua actividad volcánica.

Pero este fenómeno no es exclusivo de la Tierra. La NASA ha confirmado la existencia de grandes géiseres de agua que llegan a superar los 100 km de altura en Europa, la luna de Júpiter. Por su parte, la misión Cassini reveló géiseres helados en Encéfalo, un satélite de Saturno.

Géiser islandés Strokkur.

GRAN GEYSIR

El Gran Geysir de Islandia es el más antiguo del que se tiene constancia por escrito, además de dar origen al término «géiser» en el mundo. Entró en erupción en el siglo XIV y se apagó a principios del XX, después de que millares de turistas se entretuvieran lanzándole piedras y objetos. Sin embargo, a causa de un terremoto volvió a manar agua de él, anecdóticamente, en el año 2000.

Área geotérmica de Hverir

CALDERA DE ACTIVIDAD VOLCÁNICA

En una ocre llanura completamente yerma y estéril, envuelta en vapores ácidos y adornada con burbujeantes pozos de lodo, se halla la zona geotérmica de Hverir, una de las más grandes y activas de Islandia. Este paisaje, ubicado en la base de una imponente montaña volcánica, se encuentra a medio camino entre una película de ciencia ficción y el averno. Si se le añade un constante e intenso olor a huevo podrido, fruto de las emanaciones gaseosas, todo se vuelve aún más irreal. No en vano ha sido apodado como «la cocina del infierno».

El lugar es único desde el punto de vista geológico al estar situado sobre la dorsal mesoatlántica, lo que hace que su actividad volcánica sea bastante intensa y la corteza terrestre, muy débil. Allí se encuentra también la caldera de Krafla, de unos 10 km de diámetro, que entró en erupción 29 veces desde el 20 de diciembre de 1975 hasta el 18 de septiembre de 1984. Al volcán lo acompaña una larga zona de fisuras de 90 km. En Hverir, el gas y el calor se generan a 1000 m de profundidad, donde la temperatura supera los 200 °C. El agua subterránea fría se filtra hacia las intrusiones de magma,

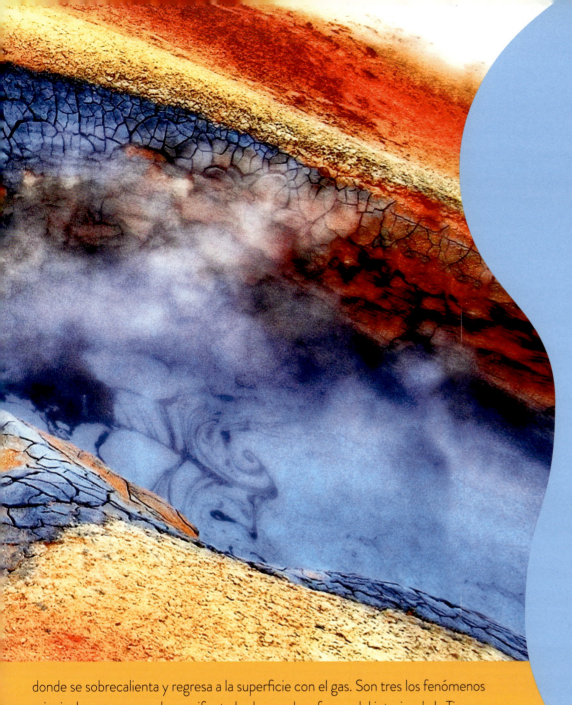

TAMBIÉN PATOS

Es un área muy apreciada por los vulcanólogos, pero también por ornitólogos, ya que, a pocos kilómetros de las fumarolas existe un tranquilo lago volcánico, el Myvatn, que atrae a infinidad de aves. Está rodeado de vegetación y se encuentra en el camino de grandes rutas migratorias de estos animales, especialmente patos. Por todo ello Islandia ha propuesto a la Unesco que esta zona forme parte del Patrimonio de la Humanidad.

donde se sobrecalienta y regresa a la superficie con el gas. Son tres los fenómenos principales que ponen de manifiesto la abrumadora fuerza del interior de la Tierra: solfataras, fumarolas y piscinas de barro hirviendo. Las primeras son grietas por las que sale vapor de agua, sulfuro de hidrógeno y azufre, formando una cortina humeante y convirtiéndose en las responsables del característico paisaje amarillento. Respecto a las fumarolas, también son fisuras en el terreno de las que escapan gases y vapores volcánicos a altas temperaturas. En cuanto a las piscinas u ollas de barro hirviente, se trata de fuentes termales ácidas, semejantes a un charco de lodo burbujeante, tan tóxico que descompone en arcilla la roca circundante.

Hasta principios del siglo XIX, en la zona se extraía azufre, que servía como materia prima para la producción de pólvora. A partir de 1977, empezaron a aprovechar el poder del volcán Krafla en la central eléctrica de energía geotérmica más grande del país, con una capacidad de 60 MW. Las instalaciones generan actualmente el 25 % de la producción total de electricidad de Islandia.

Piscinas de Pamukkale

CASCADAS DE ROCA CALIZA

Al suroeste de Turquía existe un lugar cuyas piscinas termales de color turquesa invitan a darse un relajante baño. Es Pamukkale, que significa «castillo de algodón» por la blancura impoluta de la montaña que, aunque pudiera parecerlo, no está hecha de esa suave pelusa, ni de nieve o hielo, ni siquiera de sal. Esta formación se originó en el Plioceno, hace entre cinco y dos millones de años, debido a los movimientos tectónicos que tuvieron lugar en la cuenca del río Menderes, ocasionando la aparición de numerosas fuentes de aguas termales. Dichas aguas, ricas en creta (roca caliza de la que se extrae la tiza), bicarbonato y calcio, surgen en la parte alta de la estructura y bajan repartiendo los minerales para conformar cascadas petrificadas con estalactitas y pozas de color celeste. El conjunto mide casi 3 km y 160 m de altura.

Durante milenios se mantuvo la tradición de ir a Pamukkale a tomar baños medicinales, ya que su agua mineral, con una temperatura de 35 ºC, al parecer es beneficiosa para la piel y los ojos y alivia las enfermedades óseas, musculares, respiratorias y urinarias. Los romanos también lo conocían y levantaron la ciudad sagrada de Hierápolis, un próspero balneario al que llegaban visitantes de todo el Imperio para disfrutar de las mencionadas virtudes.

CAMINAR ENTRE ALGODONES

Uno de los requisitos fundamentales para visitar Pamukkale es quitarse los zapatos. El delicado terreno está formado por travertino, una roca que se deteriora fácilmente si se pisa de forma continuada con calzado. Y aunque pueda parecer arriesgado ir sin los pies cubiertos porque la superficie da la sensación de resbaladiza, en realidad es rugosa y adherente.

A finales del siglo XX este spa natural se convirtió en un importante reclamo turístico, y la masificación y falta de cuidado le pasaron factura. Se edificaron hoteles en la parte alta de la colina, que además utilizaban las emanaciones termales para llenar sus piscinas, se construyó una carretera asfaltada y se vertieron aguas residuales. Los visitantes se bañaban con jabón y pisaban sin control el delicado travertino. Afortunadamente, la Unesco alertó sobre lo que estaba ocurriendo, y los hoteles fueron demolidos y la carretera se sustituyó por piscinas artificiales semejantes a las naturales, donde la gente puede disfrutar de un chapuzón sin dañar el monumento. Por ello esta maravilla geológica, junto a la ciudad de Hierápolis, son Patrimonio de la Humanidad desde 1988.

Y no es de extrañar, puesto que se trata de un bello escenario único en el mundo. Tan solo existe algo semejante en Oaxaca (México) con el descriptivo nombre de «Hierve el agua» un área natural protegida de blancas cascadas y aguas termales que ha sido cerrada al público para su preservación.

Mareas

POR LA LEY DE LA GRAVEDAD

El mar cubre más del 70 % de nuestro planeta, aunque sigue siendo el gran desconocido. En él existe una de las fuerzas más misteriosas y primarias de la naturaleza, las mareas. Básicamente consisten en un aumento vertical del agua, pero las reglas que rigen su subida y bajada constituyen todo un enigma para muchos de nosotros. Se trata de un fenómeno que actúa de forma periódica y es capaz de mover grandes masas de agua tanto hacia dentro como hacia fuera de la costa. Y en una época en la que el nivel del mar aumenta, sus efectos son cada vez más destructivos.

La base del proceso radica en la ley de la gravedad de Isaac Newton: la atracción entre dos cuerpos es directamente proporcional a sus masas e inversamente proporcional a la distancia entre los cuerpos al cuadrado. Es decir, que cuanto más grandes sean y más cerca estén, más fuerte será la atracción. En el caso de las mareas, son consecuencia de la interacción entre tres cuerpos fundamentales: la Luna, el Sol y la Tierra.

La atracción que ejerce la Luna sobre nuestro planeta unida a la rotación terrestre hacen que el agua sea atraída hacia fuera, formando un saliente en la superficie más cercana al satélite. Pero las intensas fuerzas gravitatorias generadas mientras orbitan producen también un incremento de agua en el lado opuesto. Por eso, aunque solo una vez cada 24 horas la Tierra está alineada con la Luna, en un día se producen dos mareas altas, aproximadamente cada 12 horas, intercaladas con otras dos mareas bajas. La marea alta o pleamar es el momento en el que el mar alcanza su máxima altura, al contrario que en la marea baja o bajamar. El tiempo que transcurre entre ambas, llamado semiperiodo de marea, dura algo más de seis horas. El efecto que produce el Sol es el mismo que el de la Luna, pero debido a su considerable distancia de la Tierra su influencia es solo la mitad.

Si Sol, Luna y Tierra están alineados, el impacto aumenta y se crean mareas más altas de lo normal, conocidas como mareas vivas. Esto ocurre cuando hay Luna llena o Luna nueva. Pero si están en ángulo recto, lo que sucede durante el cuarto creciente y el cuarto menguante lunar, las fuerzas se contrarrestan y se producen mareas muertas. Todo esto se ve afectado, además, por otros muchos factores, como la rotación de nuestro planeta, la forma de la costa, la profundidad de los océanos o la intensidad de las corrientes.

Playa de las Catedrales, Galicia, España.

MACAREO

En algunos ríos del mundo que desembocan en el océano, se puede observar un curioso fenómeno durante las mareas vivas: el macareo. Se produce cuando la marea penetra por el estuario formando una única ola que remonta el curso, a veces hasta más de 100 km hacia el interior. Se han descrito olas de hasta 9 m de altura con velocidades de 40 km/h, aunque no es lo habitual.

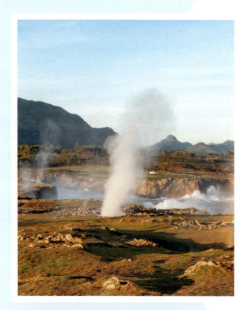

Bufones de Pría después de una tormenta, Asturias, España.

LAMENTOS ETERNOS

Cuenta la leyenda que un Cuélebre (ser mitológico asturiano con forma de serpiente alada) se enamoró de una joven doncella, y ese amor lo convirtió en un apuesto hombre. Ambos se abrazaron al verse, pero fueron sorprendidos por el padre de ella, quien, furioso, los arrojó al acantilado. Desde entonces, en castigo al padre, los hondos quejidos de los amantes se dejan oír a muchos kilómetros.

Bufones

OLAS BAJO LAS SIMAS

En este caso, no nos referimos a los bufones medievales, encargados de entretener al rey y a su séquito contando chistes, haciendo trucos o cantando, sino a un llamativo fenómeno geológico de la costa norte de la península ibérica. A primera vista pueden ser semejantes a los géiseres, porque el agua sale a presión a través de grietas y agujeros en el suelo, pero no se debe a un fenómeno volcánico, sino a un proceso de erosión litoral.

El nombre para esta maravilla natural procede del bufido, esa especie de resoplido fuerte y furioso que producen algunos animales enfadados. Y es que cuando el agua emerge con fuerza entre las rocas, parece respirar, emitiendo impactantes bramidos que pueden ser escuchados a kilómetros de distancia.

Los bufones son muy poco corrientes a nivel mundial, ya que necesitan la conjunción exacta de una geología determinada junto a un mar potente. Básicamente son chimeneas abiertas en la costa que comunican con el mar rompiente. Esto se debe a que se asientan sobre un relieve kárstico, formado por la disolución de la roca caliza a causa de la acción del agua tanto marina (erosión) como de lluvia (meteorización).

Y fue esa agua de lluvia la que comenzó a erosionar superficialmente la roca, aprovechando pequeñas fracturas en la misma para llegar a formar simas verticales que conectan con la base del acantilado. El embate de las olas contra el muro calizo también lo ha ido modelando y ha dado lugar a una serie cuevas y cámaras que se introducen muchos metros en el interior de dicho acantilado.

La espectacularidad de este fenómeno depende de las mareas. Si el mar está en calma, los respiraderos se limitan a expulsar aire. Sin embargo, en los momentos de pleamar o marea alta, y más aún durante las mareas vivas o fuertes temporales, las olas que rompen contra la pared costera penetran en las cuevas, comprimiendo el aire de su interior. La presión es tal que el agua busca salida hacia arriba, a través de estrechos canales, produciendo su característico bufido. En el exterior, brota con enorme virulencia formando surtidores que pueden llegar a 30 m de altura. En ocasiones, junto al agua pulverizada pueden lanzar algunas piedras, arena o algas.

Los bufones suelen aparecer en grupos, aunque cada uno tiene una potencia diferente. Respecto a su ubicación, son muy comunes en la costa oriental asturiana debido a las fracturas perpendiculares al mar y los materiales calizos del Paleozoico que la forman.

Spotted Lake

MINERALES BAJO EL AGUA

En la provincia canadiense de la Columbia Británica, cerca de la frontera con Estados Unidos, existe un auténtico desierto de arena que recibe el nombre de Osoyoos. Aunque apenas abarca 100 ha, esconde en su interior un auténtico tesoro, el Spotted Lake (lago Moteado). Durante la época más fría, la temperatura de la zona puede bajar de cero grados, pero en verano se convierte en el lugar más caluroso de Canadá, superando los 30 ºC. Es entonces cuando, debido al intenso aporte del sol y la ausencia de lluvias, las aguas del lago se evaporan, dejando a la vista en el fondo lacustre 365 coloridas pozas. La cantidad de precipitación en las distintas estaciones hace variar la paleta de colores de las aguas y el terreno, dejando imágenes inusitadas incluso en invierno, cuando se hiela.

La nativa tribu de Okanagan lo conocen como Kliluk y para ellos es un lugar sagrado, ya que saben del poder sanador de sus aguas y barros. Cuenta la leyenda que, en las batallas entre tribus rivales, se permitía una tregua durante la que poder llevar al lago a los heridos para su sanación. Al parecer, cada una de las manchas tiene un poder específico y cura distintas enfermedades.

Esto es debido a que se trata de un lago salino con una de las más altas concentraciones de minerales del planeta. Situado en una cuenca sin desagües ni drenaje, y a la que no llega ningún arroyo o río, el agua subterránea, el deshielo y la lluvia llenan este lago durante el otoño. Pero en el verano, cuando el aire es cálido y seco, la mayor parte del agua se evapora, dejando charcos ovales poco profundos. Los distintos colores que muestran, como verdes, azules, amarillos, ocres o blancos de distinta intensidad, dependen de su composición química en ese momento. Contiene una enorme cantidad de sulfato de magnesio, calcio y sodio. También tiene concentraciones extremadamente altas de otros ocho minerales, así como algunas trazas de otros cuatro, como plata y titanio. Las pozas están rodeadas de estrechos puentes de minerales endurecidos que presentan una blancura nívea y contribuyen a realzar el efecto de mosaico.

Tal es la riqueza del lago que fue objeto de una importante industria de extracción durante la Primera Guerra Mundial. El Imperio británico desplazó hasta allí a comunidades chinas para que extrajesen de las charcas hasta una tonelada diaria de minerales, que serían utilizados en la industria armamentística.

RESERVA INDIA

En la segunda mitad del siglo XX el lago Moteado estuvo en manos privadas y surgió la idea de construir allí un balneario en 1979. Pero las tribus locales protestaron y para evitarlo formaron un consorcio con objeto de comprar 22 ha en 2001. Actualmente pertenece a una de las pocas reservas indias que quedan en Canadá y está vallado para impedir el acceso a los turistas.

Lago rosado

DE CAROTENOS ANTIOXIDANTES

Existen varios lagos repartidos por los cinco continentes cuyas aguas no son de color turquesa, azules ni verdes, sino de un inusual rosa. Todos ellos tienen en común una altísima salinidad, aunque lo que les proporciona ese peculiar tono es la vida que albergan en su interior. Pocas especies pueden sobrevivir en un ambiente tan extremo, pero las que lo consiguen apenas tienen competencia.

La principal causante del color del agua es la microalga *Dunaliella salina*, uno de los organismos con mayor concentración de carotenos (pigmentos responsables de que, por ejemplo, la calabaza sea naranja y los pimientos rojos). Dichos pigmentos naturales son unos antioxidantes muy potentes que protegen al alga de la radiación ultravioleta. Además, *Dunaliella salina* se reproduce prolíficamente y forma parte de la base alimenticia de varios pequeños crustáceos, como *Artemia salina*, la cual, al ingerir el alga, también adquiere una tonalidad rojiza. Por si esto fuera poco, en la mayoría de estos lagos viven otros microorganismos conocidos como halobacterias, que utilizan un carotenoide púrpura, la bacteriorruberina, para absorber la luz solar.

Todos estos seres vivos contribuyen a colorear las aguas... y a animales como los flamencos (*Phoenicopterus*). No es casualidad que las lagunas salobres sean hábitats importantes para estas aves, que al nacer lucen un plumaje grisáceo y, poco a poco, van

Formaciones de sal con formas de seta en el lago Masazir, Bakú, Azerbaiyán.

adquiriendo el tono rosado que las caracteriza. Esto lo consiguen al incluir en su dieta las mencionadas microalgas, bacterias y crustáceos, todos rebosantes de carotenoides.

Entre los lagos rosas más impresionantes que existen destaca el Masazir, en Azerbaiyán. Utilizado en la industria salinera desde 1813, no es demasiado conocido a nivel turístico, por lo que sus 10 km² de extensión aún son una joya natural. Según la época del año, el color de la laguna varía desde el marrón al fucsia.

Otro lugar de ensueño es el lago Hillier, situado en Middle, una pequeña isla deshabitada al sur de Australia. De color rosa chicle, está rodeado por un blanco anillo de sal y un espeso bosque de eucalipto, por lo que la única manera de poder verlo es sobrevolándolo en helicóptero. Fue descubierto en 1802 durante la expedición liderada por Matthew Flinders, navegante y cartógrafo británico que bautizó al lago con el nombre de William Hillier, un miembro de su tripulación que falleció durante el viaje.

En el continente africano, el senegalés lago Retba se ha convertido en una atracción para el turismo, ya que se dio a conocer a nivel mundial por haber sido el punto de llegada del *rally* París Dakar hasta 2008. Las Coloradas de la península de Yucatán, en México, también es un importante reclamo para aficionados a la fotografía y a la ornitología. En España, el Parque Natural de Las Lagunas de La Mata y Torrevieja alberga dos grandes masas de agua, una verde y otra rosa. En esta última, que tiene una extensión de unos 6 km de largo por 4 km de ancho, el aprovechamiento de sal data de la época romana, y actualmente estas salinas se han convertido en el primer productor de sal en Europa.

Otros lagos, como el Xiachi en China, el Lonar en India o el iraní Urmía, pueden cambiar de color y volverse rosados. Hay que tener en cuenta que *Dunaliella salina* es verde, pero en condiciones de alta salinidad y fuerte intensidad de la luz se vuelve roja debido a la producción de los mencionados carotenoides protectores. Por eso, cuanta menos agua haya, a causa de sequías o de una continua extracción para la agricultura, más alta será la salinidad y la radiación solar, intensificándose el rosa.

Flamencos en Laguna Colorada, Bolivia, Sudamérica.

LA LEYENDA DEL LAGO HILLIER

A falta de métodos científicos, los aborígenes australianos tenían su propia explicación para el color del lago Hillier. Según la leyenda, durante la conquista de Australia los colonos ingleses persiguieron ferozmente a una sacerdotisa, a quien finalmente atravesaron el pecho con una bala, hiriéndola de muerte. Y fue la sangre derramada por la mujer la que tiñó el agua de rosa.

Vista aérea del lago Hillier, llamado Lago Rosa, situado en la isla Middle, del archipiélago de La Recherche, Australia Occidental (Australia).

El encuentro

SEDIMENTOS QUE DAN COLOR

Vivimos en un momento en el que las redes sociales acaparan nuestra atención y, en ocasiones, nos pueden llevar a confusión. Eso ha sucedido con algunas curiosas imágenes y vídeos que se hicieron virales y muestran el contraste de dos masas de agua de distinto tono. Ambas fluyen juntas, pero sin mezclarse. Eso ocurre en el golfo de Alaska, denominado coloquialmente «el lugar donde se encuentran los océanos». Se dijo que se trataba de un sitio único en el mundo donde el océano Atlántico y el Pacífico se tocan, ya que ahí las aguas verdosas de uno y las profundamente azules del otro parecen separadas para siempre por una línea invisible.

Pero no es del todo cierto. El área está bañada únicamente por el Pacífico, por lo que no se trata de dos océanos. Este mismo fenómeno de coloración se produce en otros lugares del mundo, como en Dinamarca, donde en el estrecho de Skagerrak sí confluyen dos mares, el del Norte y el Báltico. Sin embargo, la aparente separación no se debe a ello, sino a un conjunto de factores.

En realidad, las aguas de color más claro proceden del derretimiento de los glaciares, que vierten al mar minerales y sedimentos, además de agua dulce y mucho más fría. Los mencionados glaciares van puliendo las rocas a su paso,

arrancando lo que se llama «harina glaciar», que son partículas de grano fino, del tamaño de limo. Gracias a este sedimento, el agua se tiñe de color turquesa. Además, esta agua posee diferente densidad que la del océano, más salada y cálida, lo que produce la división. Es un proceso similar al que ocurre tras fuertes lluvias, cuando los ríos que desembocan en el mar lo hacen cargados de barro, tierra o arcilla. Las aguas de los mismos adquieren un tono marrón en comparación con el azul marino.

Por otro lado, se sabe que la erosión va depositando toneladas de sedimento en los fondos marinos más próximos a las costas y que se producen grandes remolinos. Se conocen como «eddies» y son enormes masas de agua girando (en el hemisferio norte lo hacen en el sentido de las agujas del reloj y en el sur, al contrario) que pueden extenderse a lo largo de cientos de kilómetros. La fuerza de los mismos remueve dichos sedimentos glaciares hacia la superficie, modificando el color del líquido elemento.

Vista aérea de Grenen, Dinamarca, donde se encuentran el mar Báltico y mar del Norte.

¿DE QUÉ COLOR ES EL MAR?

El agua pura es incolora, pero si miramos el mar vemos que su tono puede variar según el momento y el lugar. Las moléculas de agua absorben mejor la luz que llega con una longitud de onda amplia, es decir, los colores rojos, naranjas, amarillos y verdes, mientras que reflejan los azules. Pero cuando los rayos solares rebotan en las algas o el fitoplancton, lo que devuelven es el color verde.

Hace no demasiado tiempo se desmintió el mito de que los dos tipos de agua nunca se mezclan. Es cierto que no lo hacen inmediatamente debido a las diferencias anteriormente mencionadas, que provocan una ralentización en el proceso, pero con el paso del tiempo acaban uniéndose.

Los remolinos gigantes no son estáticos. Cambian de tamaño, longitud y apariencia en función de los obstáculos que encuentren y de las condiciones meteorológicas reinantes. Son los equivalentes en el mar a las borrascas y anticiclones atmosféricos y tienen la capacidad de modificar la circulación oceánica general de la zona. De este modo, los generados en áreas costeras que luego derivan hacia mar abierto redistribuyen la salinidad y el calor entre distintas masas de agua. También pueden transportar contaminantes, nutrientes y larvas de múltiples especies.

Este fenómeno alcanza a veces el fondo marino, promoviendo la formación del fitoplancton al llevar nutrientes de las aguas profundas a la superficie. Muchos científicos opinan que el cambio climático puede afectar a los patrones de circulación oceánica, lo que alteraría los periodos de proliferación masiva de fitoplancton, y eso a su vez tendría una repercusión en qué animales se alimentan y crecen y qué animales quedan desnutridos y diezmados.

Vista aérea de los remolinos de marea más fuertes del mundo, «maelstroms», entre los fiordos de Salt, Noruega.

LA CIENCIA QUE ESCONDE EL AGUA

El 70 % de nuestro planeta está cubierto por agua, la única sustancia que puede encontrarse en sus tres estados, sólido, líquido y gaseoso. Está presente en el aire en forma de vapor, como vemos en las nubes, y bajo tierra, en ríos subterráneos y acuíferos. Seguramente, el estado que más asociamos con el agua es el líquido, aunque cuando se enfría y solidifica, en forma de nieve o hielo, puede dar lugar a hermosas y mágicas estructuras. Unas condiciones ambientales más o menos extremas pueden propiciar que el agua sufra drásticos cambios de estado que explican algunos de los hasta hace bien poco considerados como misterios naturales.

ESTADOS DE LA MATERIA

La materia se define como aquello que tiene masa, ocupa un espacio y está compuesto por átomos y moléculas (que también son materia). Según la disposición de dichos átomos y su grado de cohesión, hoy distinguimos cinco estados, ya que a los tres clásicos (sólido, líquido y gaseoso) se le unen dos nuevos: plasma y condensado Bose-Einstein.

Cuando un cuerpo está en estado **sólido**, sus **átomos están muy juntos y** tan **apretados** que lo convierten en un cuerpo firme, de aspecto regular y volumen definido. Las partículas que forman la materia en estado sólido apenas pueden moverse, solamente vibran alrededor de posiciones fijas. En el estado **líquido**, los átomos y las moléculas están **más separa-** rados y tienen **una fuerza de cohesión menor,** lo que permite a los líquidos fluir y adaptarse al recipiente que los contiene. Por lo tanto, tienen volumen constante y, aunque su forma varía, no llena todos los espacios del recipiente. El último de los estados clásicos es el **gaseoso.** En él las **partículas están muy separadas,** y la única manera de mantenerlas juntas es encerrándolas en un recipiente. Los gases ocupan todo el espacio disponible porque **no hay cohesión entre sus átomos.** El cuarto estado de la materia es el **plasma,** que se **diferencia del gaseoso por ser capaz de conducir la electricidad** cuando se ve influido por un campo magnético. Por último, se ha descubierto el **condensado de Bose-Einstein,** un **superfluido** que se logra a temperaturas próximas al cero absoluto, aunque, de momento, solo se ha conseguido en un laboratorio.

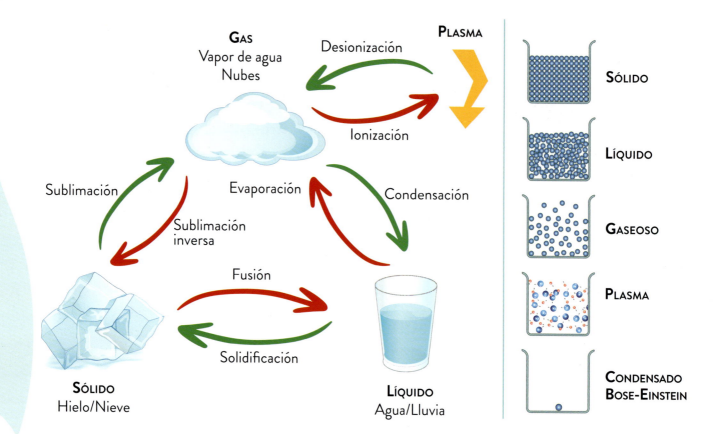

GAS
Vapor de agua
Nubes

PLASMA

Desionización

Ionización

Sublimación

Evaporación

Condensación

Sublimación inversa

Fusión

Solidificación

SÓLIDO
Hielo/Nieve

LÍQUIDO
Agua/Lluvia

SÓLIDO

LÍQUIDO

GASEOSO

PLASMA

CONDENSADO BOSE-EINSTEIN

Los cambios externos, como las variaciones de temperatura y de presión, pueden provocar que la materia cambie de estado. Esto se puede observar en el agua: a temperatura ambiente está en estado líquido; si se enfría lo suficiente, se convierte en hielo mediante **solidificación,** y si la calentamos a más de 100 ºC, se **vaporiza** convirtiéndose en gas. Cuando el hielo se derrite, se produce una **fusión** al cambiar de sólido a líquido, y cuando el vapor de agua se vuelve líquido, se **condensa.** Otros cambios un poco más drásticos son la **sublimación,** cuando un sólido pasa directamente a estado gaseoso, y la **sublimación inversa,** cuando lo hace de gas a sólido, en ambos casos sin la fase intermedia de estado líquido.

HIELO TURQUESA (pág. 115)

La nieve realmente es incolora y transparente, pero debe **su tonalidad blanca a la absorción de los rayos del sol,** que se cuelan entre los pequeños cristales hexagonales que forman los copos de nieve. Cuando está recién caída, acumula mucho aire en su interior y las burbujas reflejan los rayos multitud de veces, provocando la dispersión de todas las tonalidades. Sin embargo, cuando se apelmaza y se convierte en hielo, el contenido aéreo se reduce. Entonces, la luz que entra hasta

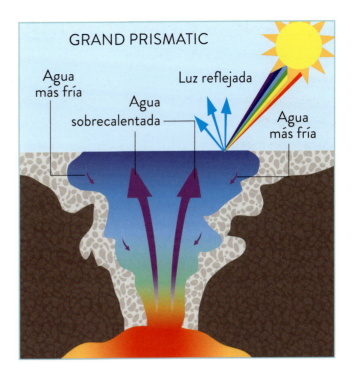

GRAND PRISMATIC

Agua más fría — Luz reflejada — Agua sobrecalentada — Agua más fría

las capas más profundas ya no rebota en las burbujas. Los fotones rojos penetran menos y son absorbidos antes, mientras que los azules, superiores en resistencia, se hacen más visibles.

GRAND PRISMATIC (pág. 136)

Las **fuentes termales** se forman cuando, a través de grietas en la corteza terrestre, **emergen aguas subterráneas geotermales.** A diferencia de los géiseres, el agua fluye sin obstáculos, creando un ciclo ininterrumpido de agua caliente que sube, se enfría y baja. En zonas volcánicas activas, como el Parque Nacional de Yellowstone, el agua se calienta al entrar en contacto con el magma o roca fundida del interior de la Tierra. La mayor fuente de aguas termales de Yellowstone es Grand Prismatic, donde este ciclo constante crea coloridos anillos de distintas temperaturas. El agua extremadamente caliente (a unos 87 ºC) brota del centro y se enfría gradualmente a medida que se extiende por la enorme superficie del manantial.

GÉISER (pág. 139)

Los géiseres también surgen en zonas de actividad volcánica. Cuando el **agua del subsuelo** entra en contacto con el magma incandescente, **se calienta rápidamente,** lo que provoca un **aumento del volumen y la presión,** generando un **escape** a través de fisuras o fracturas en las rocas. Estas aberturas están conectadas a unos conductos que comunican con depósitos subterráneos de agua. Una vez que el agua hirviendo y a gran presión llega a la superficie, los gases salen de forma violenta, alcanzando una altura media de 50 m.

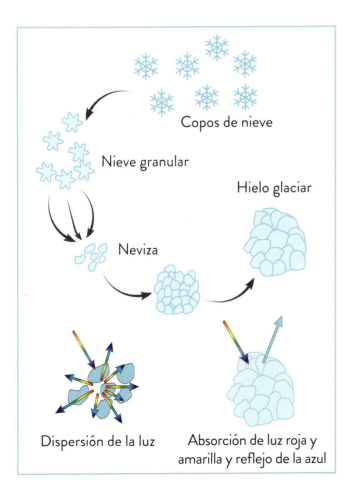

Copos de nieve

Nieve granular

Hielo glaciar

Neviza

Dispersión de la luz

Absorción de luz roja y amarilla y reflejo de la azul

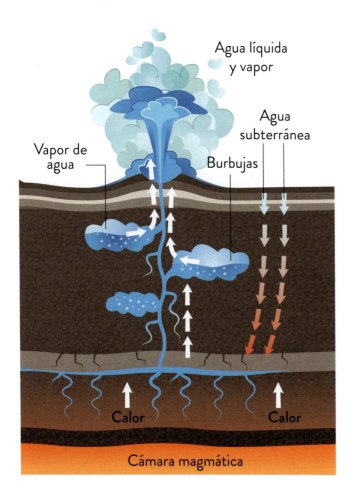

Agua líquida y vapor

Vapor de agua

Agua subterránea

Burbujas

Calor

Calor

Cámara magmática

satélite y también por el más alejado, aunque con menor fuerza. Esto se denomina marea alta o pleamar. Mientras eso ocurre, el agua terrestre que no queda alineada con la Luna permanece en marea baja o bajamar.

BUFONES (pág. 146)

El bufón es una formación geológica propia de zonas costeras. Se trata, básicamente, de una **chimenea natural** abierta normalmente en un acantilado kárstico mediante un proceso de **erosión de roca caliza.** Dicha chimenea está comunicada con simas marinas. De esta manera, cuando la mar está en pleamar, el agua choca con fuerza contra los acantilados y sube a través de estas chimeneas, saliendo despedida hacia arriba por el hueco a modo de géiser y produciendo un sonido característico.

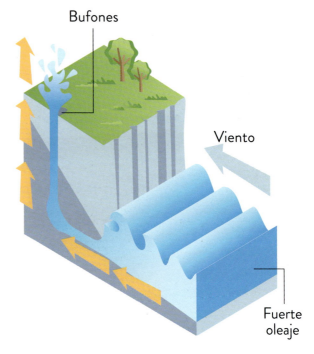

Bufones

Viento

Fuerte oleaje

MAREAS (pág. 145)

Las mareas son **aumentos y caídas del nivel del mar** debidas a la combinación de las **fuerzas gravitacionales de la Luna y el Sol** con respecto a la rotación de nuestro planeta. Sin embargo, nuestro satélite es el principal protagonista, ya que está lo suficientemente cerca como para que su atracción gravitacional mueva los océanos. A medida que la Tierra gira, la gravedad lunar atrae las aguas de diferentes regiones terrestres. La fuerza de marea hace que el agua se mueva y sobresalga por el lado más cercano al

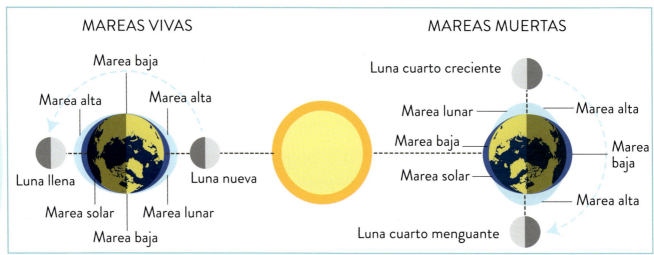

MAREAS VIVAS

Marea baja

Marea alta

Marea alta

Luna llena

Luna nueva

Marea solar

Marea lunar

Marea baja

MAREAS MUERTAS

Luna cuarto creciente

Marea lunar

Marea alta

Marea baja

Marea solar

Marea baja

Marea alta

Luna cuarto menguante